NEW NORMAL COMPANY

ニューノーマルカンパニー

変革永続力の経営

野村総合研究所 編

日本経済新聞出版

はじめに

本書は2014年に発刊された『NRI流変革実現力』（中央経済社）の続編にあたるものである。コンサルティングに30年近く携わってきた私自身の経験からいえば、持続的成長を果たしている企業には、その内部に不断の改善や改革を自然と推進できるような企業体質が備わっている。企業体質はそれぞれの企業に固有のものであるため一般化することは大変難しいが、前掲の書籍ではそれらの企業に共通する法則性を著したつもりである。

さて、2020年は新型コロナウイルス感染症（COVID-19）により未曽有の社会変革を強いられる年となった。効果のあるワクチンや治療薬の開発と普及には数年はかかるであろうから、身体的距離の確保、移動の自制、「3密」の回避などの行動変容は新しい常識（ニューノーマル）として人々の意識や行動に定着するだろう。もう一つの不可逆的な変化は、経済・社会のデジタル化である。経済活動を過度に抑制せずに感染防止対策を実行するためにも、テレワークやオンライン会議、通信販売や電子決済などの拡大が不可欠であるが、これらはデジタル技術なくしては実現しない。

既に、社員の働き方改革や顧客との非対面チャネル構築などの分野で、デジタル投資が活発化してきている。特に全社員を対象としたテレワークの導入は、単にシステムの導入に留まらず、社内業務プロセスの大幅な変革を必要とするため、今回のことをきっかけに一気にペーパーレス化や会議体の見直しなどが進むだろう。また、これを機にオンラインサービスへの積極的な投資を行って、他社との差別化を図る企業も出てきている。

ニューノーマルを見据えて、経営のパラダイムシフトが起こることも間違いない。対面業務から非対面業務へのシフト、ＥＣに代表されるダイレクトビジネスの加速、売り切りではないサブスクリプション型ビジネスの台頭など、多くの企業はポストコロナに向けた新たな事業機会を模索することになる。

これまでの延長線上にない不連続な変化を強いられたとき、まさに真価が問われるのが変革実現をやり切る企業体質である。本書はその企業体質を「変革永続力」と定義し、それを備えた企業を「ニューノーマルカンパニー」と名付けた。そして「変革永続力」を生み出す、企業内部に埋め込まれなければならない仕組み（クロスフォースと呼んでいる）

を提言している。

ＮＲＩ野村総合研究所は１９６５年に日本初の民間シンクタンクとして設立されて以来、「総合」すなわち様々な分野で見識を持つ専門家が論議を尽くすことにこだわりを持ち、リサーチ・コンサルティング事業を提供してきた。ＣＯＶＩＤ-19の感染拡大がもたらす未曽有の社会変革にもしなやかに対応できる企業体質をどう内部に作り込むか、ＮＲＩに蓄積された知見を基にコンサルティング活動を通じて日本企業のニューノーマルの実現に貢献していきたいと考えている。

２０２０年10月

株式会社野村総合研究所
代表取締役会長兼社長
此本　臣吾

目次

第2章 変革永続力のために 073

第3章 変革永続力のメソッド 119

第4章

プロモーターとしての外部機能の活用 193

第5章 変革永続力を発揮する各階層の役割 231

序章

変革永続力を備えた
ニューノーマルカンパニー

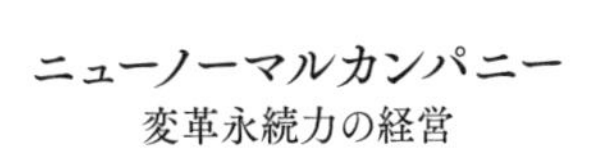

ＮＲＩ流変革実現力を超えた新たな提言

変革への根深い問題

「ここ数年、成長が停滞していること。そして、最近起こっている様々なトラブル・不祥事。これらの原因の根っこは一緒だ」という経営トップの発言から、数年にわたる全社構造改革をスタートさせた企業がある。年商数千億円規模の日本に本社がある老舗製造業の経営トップの発言である。この経営トップの発言を機に何が問題なのか、何をすべきなのかを整理し始めると、理念体系、経営ガバナンス、人事制度、業務プロセス、等々経営に必要なもの全てに手を入れなければ根本的な問題は解決できない、との結論に達した。

例えば、新しいビジネスモデルへの転換をしていくことを決めても、そのビジネスモデルに合った評価体系・採用基準等の人事制度に変えなければ人は動きにくい。そして、そのビジネスモデルの執行を適切にモニタリングするための経営ガバナンスも変えていく必要がある。そのビジネスモデル転換の意味づけをどうするか、会社の存在価値・理念体系を見直さなければならない。

そのような改革を進めたとして、今までの理念体系、経営ガバナンス、人事制度、業務プロセスとの連続性はどうするのか、社内の人間にどう納得をしてもらうのか、という問題も出てくる。これらを全て、整合性を取って改革していかなければならないのである。

これらの改革に手を付けていないことによる将来のツケを一部の役員は数年前より気にしていた。しかし、成長が停滞している結果、営業利益もジリ貧になっており、目先の利益の確保にばかり目がいき、誰もが将来を考えず、目の前の仕事をこなしていくことだけに終始していた。そして、将来の成長のタネを仕込むことよりも、現状で利益を出すためのコスト削減が優先された。

将来の成長のためにすべきことをこの企業は先送りにしてきた。その先送りにしてきたツケが成長の停滞、様々なトラブル・不祥事となって顕在化してきた。今、ここで手を付けなければその会社の歴史が終わってしまう、とその経営トップは危機を感じ、全社構造改革に取り組むことに決めた。

日本企業も1990年代初めにブームになったBPR（Business Process Re-engineering）

を機に、様々な経営手法で構造改革を行ってきた。しかし、そのどれもが会社の一部の機能にフォーカスした改革に留まっており、その一部の改革をパッチワークのようにあてがってきた。結果、全社の問題、経営全体の辻褄が合わなくなってきた。そして、もうパッチワーク的な改革の繰り返しでは効果はなく、企業経営の将来へのリスクが顕在化する状況にまで陥ってきている。それが先の経営トップの問題意識に対する発言になった。

2020年代に向けた変革への機運

NRIは、2014年に「NRI流変革実現力」[*1]というコンセプトを発表した。この本では会社を変えるためのプロジェクト（変革プロジェクト）の仕立て方について提言した。日本企業が変革するためには日本企業の文化・価値観に合ったプロジェクトの仕立方が重要であり、その方法について提言をした。そのコンセプトを基に、様々な日本企業と変革について意見交換を重ねてきた。その結果、

- 着目した改革テーマが「コスト構造改革」「制度改革」「ビジネスモデル改革」等の個別の改革が主であり、「経営改革」も含めた全社の構造を刷新する大改革にまで及んでいない
- 全社の構造を刷新する大改革はプロジェクトベースでの個別テーマの組成・改廃・実

施の考え方では困難で、永続的な改革になることへの手順を示していない

- 変革への主旨や進捗の全社への発信、変革活動への協力を求めるプロモーション、等全社を巻き込む仕掛けも変革実行上大切な要素である点も示していない

といった意見をいただいた。NRIが理解したことは、個別の変革でなく、抜本的な変革を皆様が求めているということであった。

その背景には図表序－1に示すような日本の情勢の変化があったと見ている。

加えて、2020年には年初よりCOVID-19が世界に大きなインパクトを与えた。それは経済だけでなく、個人の様々な価値観、ニューノーマルという言葉に代表されるような社会通念の変化にも大きな影響を及ぼした。2020年代に向けて、この変化した価値観に順応した企業経営が必要となっている。

そして、コロナ禍を経て、経営において不確実なことは必ず起こる、ということが経営におけるコンセンサスになった。これまでは、世界情勢の変化に対して追随した対応ができれば難は逃れられる、という考え方が多分にあった。しかし、コロナ禍では、変化に追随するような経営では立ち行かない、ということを目の当たりにした。

コロナ禍のもと、様々な企業との意見交換の中で、不確実なことが必ず起こることを前提としたとき経営としてどのような備えをしておくべきか、についての議論が大切になっ

[図表序-1] 現在の日本の情勢

		前書発刊当時（2014年）		現在
日本の情勢	企業	●世界情勢の変化への対応は可能である ●日本の成長を牽引した中短期計画による経営で、まだまだ日本企業は成長できる ●縦割り変革プロジェクトの積み上げで会社を変えることは、現実的な進め方である	変化	●コロナ禍のような不確実な事態は将来にも起こり得る ●中短期計画による経営では利益優先の経営に走り、ステークホルダーから求められるサステナブルな経営を追求できない ●大規模な改革プロジェクトはリスクが高く、変化し続ける全社活動が必要になっている
	個人	●これまで培ってきたビジネスモデルを前提とした経営であれば、社内人材を育成するモデルが有効である ●会社に就社し、企業パーソンとして生きる人がまだ多数である		●経営におけるデジタル化の重要度が増していき、社外からオープンに人材を登用できるモデルが求められている ●企業に就職はしても、就社はしない。個人の生き方を重視する人が多数になる

た。経営において不確実なことは必ず起こる、という前提で経営する必要がある。

また、次章で詳細に述べるが、DXという言葉に代表されるような「デジタル化の進展」のみならず、「サステナブルな経営に対する圧力」「個人の働き方に対する価値観」が2014年当時と比較し、大きく変化した。

2019年夏、米国大手企業のCEOらが、企業のパーパス（存在意義）について新たな方針を発表した。これまで20年以上掲げてきた「株主至上主義」を見直し、顧客や社員、サプライヤー、地域社会、株主などすべてのステークホルダーを重視する方針を表明した。

そして、2020年1月に開催された世界経済フォーラム（WEF）の年次総会（ダボス会議）においても「ステークホルダー（利害関係者）資本主義」という概念が提示された。その中では、ＳＤＧｓの尊重やそこで働く社員の満足度の最大化を実現することが求められる。このように利益至上主義の経営についてのアンチテーゼが示されてきている。

また、就社という個人の価値観も変化してきている。ある会社では、管理職試験の合格率が著しく減少傾向にあることを嘆いている。その原因が本人の仕事能力の低下ではなく、管理職になることによる会社に対する責任がより大きくなることへの拒否から管理職へ上がることを辞退しているという実態があり、驚きを隠せないでいる。

この会社は、しっかりとした企業理念を掲げており、その企業理念に共感した人が入社してくる特徴がある。すなわち、就社が当たり前の文化であった。その会社の中で先のようなことが現実として起こってきていることは日本において就社の価値観が薄れてきていることを示しているともいえる。

日本企業特有の変革の壁

先の老舗製造業は全社構造改革を実現するために10年かける、と決めた。抜本的に立て直すにはその程度の時間軸が必要であると判断した。経営の基盤となっている制度・ルール・業務・ITを再構築するには必要な時間であるとの判断は現実的である。また、ある民営化した企業も抜本的な改革が終わるまでは25年かかると考えている。それまで染み付いた文化・価値観を抜本的に変えていくには、人の世代交代も含め、それぐらいの時間が必要だとの判断をしている。

少し話は逸れるが、人の変わることへの抵抗感は簡単には変えられない。図表序－2に示す通り、社員、経営層の変わることへの心理的な抵抗の背景は明らかだ。社員は現状を変えることには簡単には賛同しない。変革の煽りを受けるのは自分たちだろうとの被害者意識はどうしても生まれる。

例えば、コスト構造改革という変革では、人件費削減＝処遇見直しとなって自分の給与や雇用にも手が入ることが容易に想像でき、素直に賛同しない。経営層の立場から見ると、会社の将来が非常に不安定な状況であることを論理的には理解していても、あえて火中の栗を拾うことはしたくなく、任期が過ぎれば次の誰かがやってくれるだろうと問題を先送りにしてしまう。

そして、改革担当者にとっても心理的な抵抗がある。改革担当者の立場から見ると、同僚や先輩、後輩に対して厳しいお願いをすることが想定される中、人の顔が見えると厳し

［図表序-2］変革に対する心理的抵抗

従業員	●現状を変えることに、簡単に賛同できない ●被害者は自分たちだ ●突き詰めれば「処遇（雇用）の問題」であり、納得できない
経営層	●できれば、無難にサラリーマン人生を終えたい ●景気が良い中で、あえて火中の栗を拾いたくない ●任期が過ぎれば、誰か他の人がやってくれる
改革担当者	●前任者否定はできない ●人の顔が見えると、厳しいことは言えない ●実力で昇格しても、周りからの妬みの原因になる

いことが言いにくく、改革の実行そのものを躊躇してしまう。前任者・前例を否定することを申し訳ないと思う感情も芽生える。改革担当者が実力によって昇格しても、経営に媚びたのだろうといった妬みの原因にもなるマイナスな面もある。たとえ仕事とはいえ、貧乏くじを引いたと思ってしまう。

「ニューノーマル」の意図

NRIは本書のタイトルをニューノーマルカンパニーとした。COVID-19を経て新しい生活の様式に変わるように、日本企業の経営の様式も変わるタイミングに来ている。これまでの日本企業の経営を様変わりさせたいという思いがある。

本書では、経営を様変わりさせた状態、すなわちニューノーマルな状態を様々な観点から示している。

例えば、変革の進め方についても、これまでのようなプロジェクトを組成し実行していくやり方ではなく、日常的に変化し続けるやり方を提唱している。未来は現在の繰り返しではなく、たとえ1日の変化においても、日々変化していくことを当たり前と考えて経営することを考える。そして変えてみることを最優先し、もし間違っていれば元に戻せばいい、また変えれば良い、というトライ&エラーを当たり前の行動にしていくことも示している。

また、経営トップを始めとした組織内の階層毎に、ニューノーマルな役割についても言及している。例えば、チーフオフィサー以下が経営トップの意向を慮って動いてくれるような経営のやり方は機能不全に陥っている。また、中期経営計画において、各チーフオフィサーが作った計画をステイプルでまとめたものが全社の計画となる、といったやり方では経営が立ち行かなくなっている。そこで経営トップが納得して語れる自社の理想像を持ち、その理想像をもとに会社を牽引していくことが、ニューノーマルな経営の仕方になる。

未来に対する経営環境の不確実性は増している。次々と襲い来る変化の不確実性を当たり前なものと捉え、経営していける企業が成長できる。その思いをニューノーマルカンパニーという言葉に込めた。

ニューノーマルカンパニーになるための変革永続力

では、ニューノーマルカンパニーになるためには何が必要か、という問いが生まれる。NRIは、ニューノーマルカンパニーに必要なものを変革永続力であると考えている。変革永続力とは、日々変化し続ける企業体質を意味している。永続的に変革をし続ける意思と実行力こそが、ニューノーマル、カンパニーである所以となる。

これまでのコンサルティング経験において、日々の変化に重きを置いている企業は成長し続けている。日常的な現場での改善のみならず、大きな制度改定など、仕組みの組み換えを行うことは当たり前であると社内に浸透している。そして、変化が停滞することを恐れ、様々なアイディアで変化をさせていくことにも重きを置いている。このような企業は景気の好不況に左右されず、結果を残している。

ニューノーマルカンパニーは、変革永続力を備えるために企業内部に埋め込まなければならない仕組みを持っている。本書ではその仕組をクロスフォースとして整理した。クロスフォースを具備し変革を永続できる力を持ち続けている企業こそが、次の時代のおけるニューノーマルなカンパニーになりうる。

本書の狙い

「全社構造改革には10年以上の期間が必要である一方で、就社という概念が薄れてきている社員に対して改革実現を課すことが可能だろうか」
「慎重かつ丁寧な経営にならざるを得ない日本企業において、実現できる変革をどのように仕立てればよいのか」

という問いがＮＲＩの中で生まれた。それが本書を書くきっかけとなった。ＮＲＩが２０１５年以降にコンサルティング・ディスカッションさせていただいたクライアント企業である、日本企業約50社、欧米企業約10社の情報・知見に基づいて考案した。

そして、変革を一大イベントにするのではなく、変革を日常的にしていくこと、変革し続けていくことができる経営にすることが重要な課題なのではないか、とのコンセプトに行き着いた。そして、ＮＲＩはこのような永続した変革を実践できている企業を「変革永続力を備えたニューノーマルカンパニー」であると提言する。

［図表序-3］NRI流変革永続力のためのクロスフォースモデル

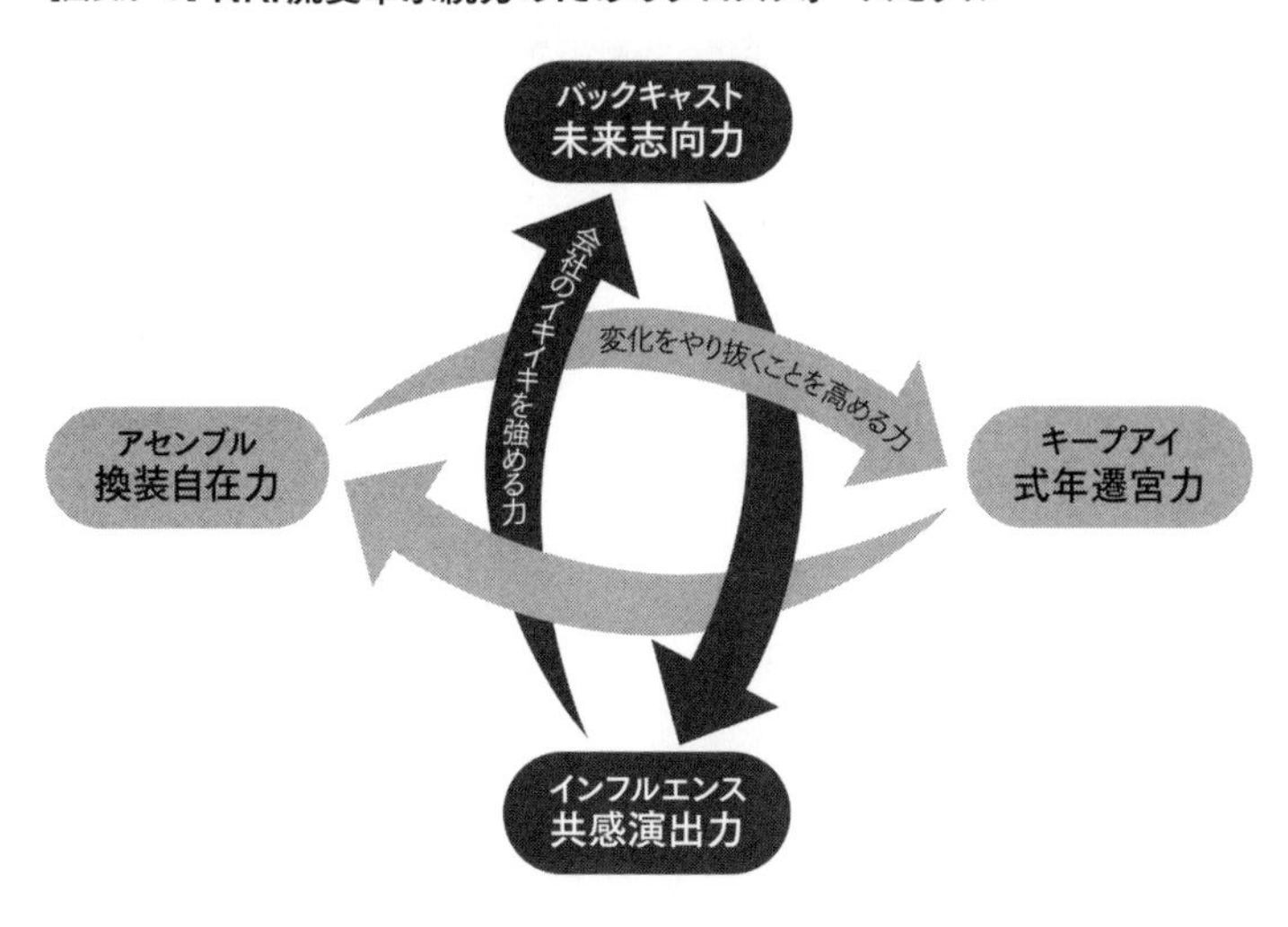

本書では、変革永続力を備えた萌芽事例も示し具体的に述べる。そして、変革永続力を備えようとしている企業の事例も示していくことで、変革永続力のコンセプトのイメージアップを図ってもらいたい。NRIは変革永続力を備えるには図表序−3に示す4つの力が必要だと考えている。それは、

未来志向力：未来を予測し、ありたい姿を見据え、取り組むべきことを導き出す力

共感演出力：会社の目指す幸せの姿・ありたい姿を従業員に共感させて巻き込む力

換装自在力：機動的に会社の人・組織、業務、システムを入れ替えやすくする力

式年遷宮力：仕組みとして、定期的に変化に向き合い絶えず変化に取り組む力である。

そして、それらを総称しクロスフォースモデルと定義している。これにより、会社のイキイキを強め、変化をやり抜くことを高めると考えている。この考えについて述べていく。

そして、そのクロスフォースモデルを実践するためのメソッドについて解説していく。先に示した通り、全てを知るスター人材が経営を引っ張るより、得意分野の異なる人材の総合力で経営をしていくことがニューノーマルカンパニーには必要である。そのためには、経営の階層別に必要となる力を発揮することが求められる。本書では以下の階層別に担ってほしい役割にも言及する。

経営トップ：代表取締役、ＣＥＯ

チーフオフィサー：事業・機能・地域のいずれかを管掌する役員

ミドルリーダー：組織・チーム・プロジェクトを束ねる従業員

最後に、本書は私たちのこれまでのコンサルティング活動から得られた知見やお客様との対話に基づいて論じています。コンサルティングの機会をいただけたことを改めて感謝いたします。

また、取材にご協力いただきましたオムロン様、リクルート様、西村証券様にも感謝いたします。

そして、本書の企画から適切なアドバイスをいただけた日経ＢＰ日本経済新聞出版本部の赤木様、雨宮様、本当にありがとうございました。

＊1　ＮＲＩ変革実現力研究チーム『ＮＲＩ流変革実現力』（中央経済社）２０１４年12月3日

第 1 章

変革永続力とは何か

1 変革永続力が必要となる世の中の変化

ネットとリアルの融合がもたらすビジネスの変革

どの時代においても経営環境の変化は起こることであり、それに対する備えを経営の仕組みに組み込んでいくことは、リーマンショックや東日本大震災を経て、2010年代の様々な事象を経験した経営者にとって必要不可欠な課題になった。

実際に2010年代後半を見てもROE（自己資本利益率）8%を超えることを指針とした「伊藤レポート」の発表や、働き方改革によるワーク・ライフ・バランスの実現を求める声の高まり、経済産業省が発表したITシステムにおける「2025年の崖」と様々な側面から経営に求められる課題が提起されている。

そして、2020年にはCOVID-19の影響により世界中で経済・消費活動が変わった。ＣＯＶＩＤ－19の感染拡大による外出禁止など、従来の経済・消費活動が大きく制約を受けた結果、デジタルを活用した生活へと変化することを人々は半ば、強制力を伴って求められた。

企業はこうした新しい生活、その背景にある経営環境変化を前提とした経営戦略の策定をすることが求められている。ここでは、経営環境変化の中で、特に重要と見られる「ＤＸ（デジタルトランスフォーメーション）の進展」「サステナビリティ経営」「個人の価値観変化」の3つの観点を中心に説明する。

①ＤＸの進展によるビジネスのあり方の変化

図表１－１の通り、２０２０年代はネットとリアルの関係がさらに変化し、ネットとリアルが融合された社会が前提となる。その上で、このような社会の出現に伴い、既存企業にはビジネスモデルの刷新を含めた変革が求められる。

［図表1-1］ 2020年頃を境にした競争環境の変化

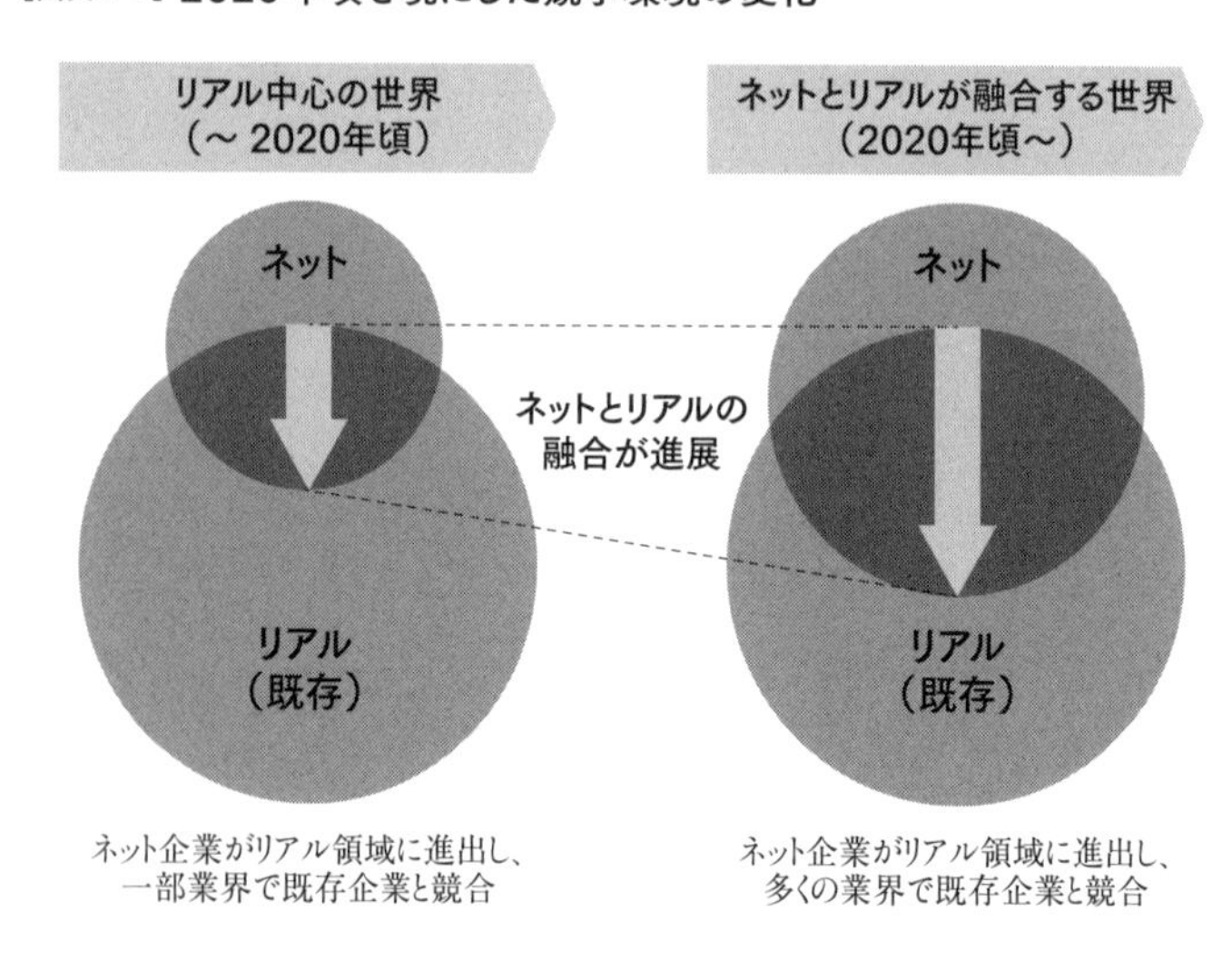

リアル領域に進出する巨大プラットフォーマーの躍進

２０１０年代は、ＧＡＦＡ（Google, Amazon, Facebook, Apple）と呼ばれる米国巨大ＩＴ企業が大きく飛躍した時代だった。実際に売上高で見ても、４社の売上高合計は２０１０年度の約１７００億ドルから２０１８年度の約６８００億ドルと２０１０年時点で相応の規模があったにもかかわらず、わずか8年間に4倍まで伸ばしている。

また中国でもＢＡＴＨ（Baidu, Alibaba, Tencent, Huawei）と呼ばれる巨大ＩＴ企業が大きく成長した。２０１７年度時点の４社の売上高合計を見ると約

［図表1-2］2010年代におけるGAFAの売上高推移

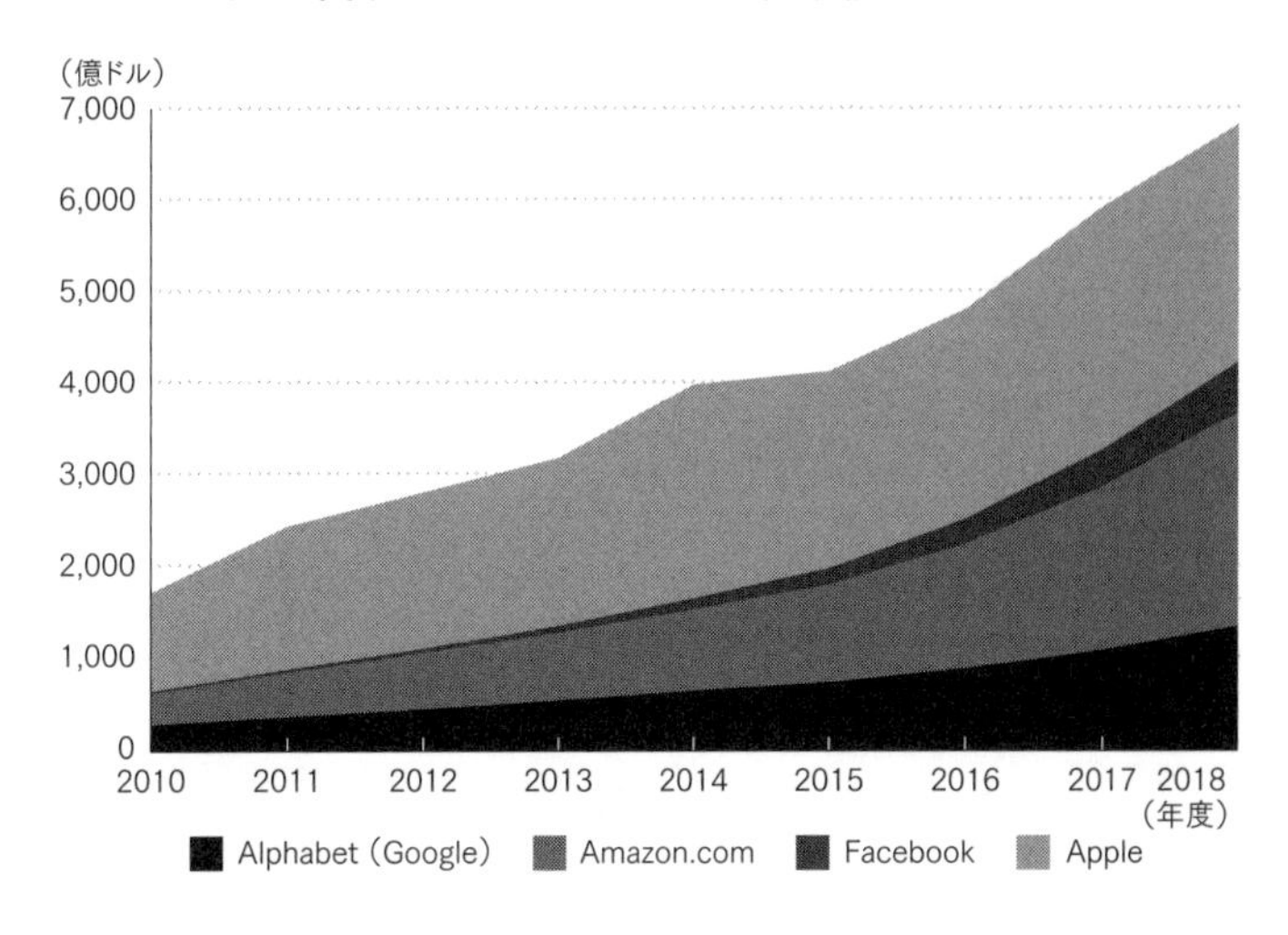

1700億ドルと2010年のGAFAの水準まで達していることが見て取れる。GAFA及びBATHはプラットフォーマーとも呼ばれ、もはや私たちの日常生活に欠かせないサービスを提供している。

2020年代以降はこれら巨大プラットフォーマーがインターネット中心の世界から着実にリアルの世界へと進出し、そこで事業を営んでいる既存企業との競争が一層激化していく時代と予想される。

2010年代から既に競争激化の兆候は見られており、アマゾン・ドット・コム（以下、アマゾン）は2017年に米国高級スーパーのホールフーズを買収することで、自社サイトを通じたホールフーズ商品の販売、ホールフーズ実店舗でのネットで注文した商品の受け取り・返品により、ネットと実店舗の融合戦略を本格化している。[*2]

一方、アマゾンに攻め込まれる既存企業側では、ウォルマートがECと実店舗の強みを掛け合わせたオムニチャネル戦略を推進している。例えばウォルマートは、生鮮食品の仕入れ・管理ノウハウを活かし、「オンライン・グローサリー・ピックアップ（OGP）」というネットで生鮮食品などを注文して、店舗で受け取れるサービスを提供している。

また巨大プラットフォーマーがリアルの世界に進出する動きとして、例えばアルファベト（以下、グーグル）は傘下の Sidewalk Labs を通じてカナダ・トロントの再開発計画に参入した。2020年5月に収集したデータの活用を巡り地元住民と対立したことなどを背景に事業からは撤退したものの、データを都市の交通システムやエネルギー利用の効率化などにつなげようとした点で画期的な取り組みとして注目された。

グーグルというと検索エンジンのイメージがいまだに強いが、既にその技術力を社会実装することで都市のあり方そのものを変える段階にまで来ている。日本でも、あらゆるモノやサービスをネットでつなげるスマートシティ建設を2020年1月にトヨタ自動車（以下、トヨタ）が発表し、次世代都市開発に向けた技術・サービスの実証実験を行っていくとしている。[*3] 自動車メーカーが都市開発を主導し、参画企業や研究機関など、外部から参加者を募ること自体異例であり、グーグルなどの動きに触発された部分も大きいといえる。実際に2020年3月にはトヨタはスマートシティで日本電信電話（以下、NTT）との資本業務提携を発表しており、トヨタが持つ「つながる車」とNTTの情報インフラを組み合わせるとしている。[*4] 2020年代は、スマートシティの世界での主導権をめぐる争いが激化していくと予想される。

2020年に高速・大容量、低遅延、多数接続を特徴とする次世代移動通信規格「5G」が日本でも商用化されたが、5Gの商用化は、製造業でのIoT活用の進展、自動運転支援や遠隔医療の高度化、AR／VRの普及など、既存事業のデジタル化を加速すると見られる。

ビジネスモデルの変革を迫られる既存企業

このように経営環境が変化する中で、多くの企業は既存事業のビジネスモデルそのものを変革する必要に迫られている。日本を代表する製造業もデジタル戦略立案・実行が喫緊の課題となり、その中でモノ売りからソリューション・サービス提供へと価値創出の方法を変えていくことに試行錯誤している。

昨今のサービス化へのシフトの代表例は「売り切り型」から「サブスクリプション型」

へのビジネスモデルのシフトである。近年、ＬＴＶ（Life Time Value：顧客生涯価値）を重視し、顧客と継続的に接点を持てるサブスクリプション型の導入を試みる企業も多い。ただ、このようなビジネスモデルの変革に成功している企業はまだ少ない。成功例の一つとして、マイクロソフトがＷｉｎｄｏｗｓを軸としたライセンス売り切り型ビジネスからOffice 365に代表されるクラウドサービスを軸にしたサブスクリプション型へ移行した事例が挙げられる。

また独・重電メーカーのシーメンスは、２０１７年から産業機械などの稼働データを収集してクラウド上で管理し、故障予測など生産改善につながる提案をする「マインドスフィア」という事業を展開している。[*5] メーカーがアフターサービスの一環としてメンテナンスや保険など関連サービスを手掛けることは多いが、こうしたサービスはモノ売りの付帯サービスと捉えられることも多く、収益の柱をモノ作りからサービスに移行する試みは、依然ハードルが高いといえる。

こうした状況の中、トヨタは自動車産業という確立されたビジネスモデルから、ＣＡＳＥ（Connected：コネクティッド、Autonomous/Automated：自動化、Shared：シェアリング、Electric：電動化）の時代に合わせたビジネスモデルを持つモビリティカンパニーへのモデルチェンジを掲げている。トヨタは新しいビジネスモデルの提供にあたり、従来のトヨタ単体での提供からあらゆる領域のプレーヤーとの協働による提供へと変革する必要があるとしており、NTTとの協業など取り組みを進めている。

2020年代は新しい取り組みにより企業価値向上に成功する企業と従来の経営のままGAFAなどに攻め込まれ、企業価値を大きく損なう企業に二極化すると見られる。本節冒頭で紹介したように、GAFAの売上高だけを見ても直近8年間で4倍まで増加している。実際に、ウォルマートが売上高1000億ドルに達するのに35年間かかったのに対し、アマゾンは20年間で1000億ドルに達し、成長のスピードをさらに加速させている。変化のスピードは非常に速く、その影響も多くの産業に波及すると見て、備える必要がある。

②重要性が増すサステナビリティ経営の観点

企業成長に限界が生じる業界内の競争

日本企業の「サステナビリティ経営」に対する関心が高まっている。サステナビリティ経営とは「社会の持続可能性に配慮した経営」のことであり、企業は事業活動を通じて環境や経済など社会全体に対して与える影響を考えながら、長期的な運営を目指す取り組みを指している。

このような考え方が広まってくる上で一つの大きな契機となったのが、ハーバード大学のマイケル・E・ポーター教授とマーク・R・クラマー氏が2011年に発表した論文で提唱した「Creating Shared Value（CSV：共通価値の創造）」であると言われている。この中でポーター教授らは、CSVを「社会のニーズや問題に取り組むことで社会的価値を創造し、同時に、経済的価値が創造されるというアプローチである」と定義している。言い換えるなら、CSVとは営利企業がその本業を通じて社会的問題解決と経済的利益を共に追求し、かつ両者の間に相乗効果を生み出そうとする試みといえる。例えばユニリーバは2010年にユニリーバ・サステナブル・リビング・プランを策定し、衛生・健康（10億人以上のすこやかな暮らしを支援）、環境負荷の削減（製品の製造・使用から生じる環境負荷を半減）、経済発展（数百万人の暮らしの向上を支援）といった3つの分野で社会課題を事業戦略の中核に組み入れることで、コスト削減やリスク低減だけでなく、ブランドの成長を加速させ、イノベーションの機会を広げようとしている。

こうした考え方が企業に普及・浸透してきた背景として、まず既存市場の成熟化が進み、業界内の競争をベースとした戦略では企業成長に限界が生じているという経済的な側面がある。次に地球環境問題の深刻化に伴い、社会課題の解決に向けた企業への期待の高まりや政府の規制の強まりなどが挙げられる。例えば世界の海に廃棄されているプラスチックの量は1億5000万トンにのぼり、そのプラスチックを食べるなどして毎年100万羽の鳥と10万頭の海洋哺乳類が死んでいるという報告がなされており、使い捨てのプラスチック製ストロー・マドラーなどの使用禁止に動く企業も出てきている。

また最近では、ソーシャルメディアの普及とともに、個人の情報発信が大きな影響を持つ局面が出てきている。スウェーデンの当時15歳の少女グレタ・トゥーンベリ氏の地球温暖化を防止するためにより強力な気候変動対策を主張する抗議活動をはじめとして、若年層は環境問題などの社会課題に対する関心が高い。今後、若年層を中心に、購入する製品のブランドの選択、あるいは働く職場としての企業を選ぶ際に、企業の社会課題への取り組みを考慮する人は増えていくものと見られる。

一方、投資家の側から見ても、サステナビリティ経営に対する関心は高まっている。2017年7月に年金積立金管理運用独立行政法人（GPIF）が3つのESG（E：環境、S：社会、G：ガバナンス）指数を選定し、優れた企業を対象に総計で年間1兆円の投資を行うと発表したことが大きな影響を及ぼし、それ以降、高いESG格付けの取得を目指す日本企業が増加した。ESG投資の運用資金の拡大は、企業のESG評価向上のインセンティブとなり、それによりESG対応が強化されれば長期的な企業価値向上につながるものと期待されている。

求められるSDGsへの対応

以上のように、企業は社会課題を経営の根幹に関わるテーマとして、リスクと機会の両面から位置づけて、サステナブルな経営、すなわち持続可能性を考慮した経営に取り組むことが現在、強く求められている。グローバルに見ても、2015年9月の国連サミットで採択されたSDGsをベースに、国際機関、各国政府、企業などが社会課題解決に向けた対応を強化している。SDGsとは「Sustainable Development Goals（持続可能な開発目標）」の略称であり、国際連合加盟193カ国が2016年から2030年の15年間で達成するために掲げた目標である。具体的には、17の目標と169項目の具体的な達成基準により構成されており、企業の事業活動を通じた解決への関与が期待されている。

2019年夏、米国大手企業のアマゾンやアップル、JPモルガン、ジョンソン・エンド・ジョンソン、バンク・オブ・アメリカなどのCEOらが、企業のパーパス（存在意義）について新たな方針を発表した。それは、これまで20年以上掲げてきた「株主至上主義」を見直し、顧客や社員、サプライヤー、地域社会、株主など全てのステークホルダーを重視するという方針であった。2020年1月に開催された世界経済フォーラム（WEF）の年次総会（ダボス会議）において、企業活動のあり方について「ステークホルダー（利害関係者）資本主義」という概念が提示された。それは、以下のような概念である。

- これからの資本主義では、資本の効率化による利益の最大化だけが評価指標ではなくSDGsの尊重やそこで働く社員の満足度の最大化を実現することが求められる
- 株主からの企業経営への評価も短期視点での評価から、中長期視点での評価へと重点が移り、短期的に高い利益を上げていてもその事業が中長期的に持続可能でなければ高い評価は得られない
- 短期の利益を優先して、社員を削減したり、地球環境に悪影響を及ぼす経営はもはや成り立たない時代にある

従来のような、株主への配当や自社株買いを優先する株主価値の最大化、利益至上主義だけでは経営は成り立たない時代となっている。それを踏まえて、「ステークホルダー資本主義」の考え方は、未来を見据えることを第一義に置き、その未来に向けて予測不能な事態へ対応しつつ、顧客・社員・株主・地域社会とあらゆるステークホルダーとの永続的な価値共創が求められる時代への移行を強く示唆している。

③ＣＯＶＩＤ‐19も踏まえた個人の価値観の変化

深化する消費者ニーズへの対応

　最近では、ＣＸ（Customer experience：顧客経験価値）を重視した取り組みを推進する企業が増えていると言われている。ＣＸとは、「商品やサービスの物理的価値（機能や性能など）だけでなく、商品やサービスの消費や使用を通じた経験価値を訴求する」という考え方である。それが今、注目されている理由として、１つには商品やサービスがコモディティ化し物理的価値で差がつけにくくなったことが挙げられる。２つ目には、スマートフォンなどのデバイスの普及とビッグデータやＡＩ（人工知能）などのＩＣＴの活用が進むことで、今までは提供できなかったサービスが提供可能になり、その結果、何をすれば顧客が満足して継続利用し、他の人にも紹介してもらえるのかを検討する企業が増えていることが挙げられる。

　このようなＣＸ推進活動は、顧客が気付いていない領域も含めた経験を提供することを目指すことになる。例えば、米国の金融業の利用客が「街中にあるＡＴＭを検索するサービスが使いにくい」という不満を持っているとした場合、従来の顧客満足（ＣＳ）の向上であれば、その検索サービスを向上させ、ＡＴＭの場所を探しやすくすることを目指すことになる。

ただし、そこからもう一段顧客の観察とそれに基づく考察を深めていくと、利用客がＡＴＭの場所を探すという行動には、そもそもＡＴＭに行くことではなく、送金したい、決済したいなどの本来の目的がある。そうであればＡＴＭに行くことを目的とせずに、スマホ決済などの新サービスの解決策を考えることもできるわけである。そこまで考えるのがＣＸを軸とした考え方であり、顧客の顕在化された声に対応するだけでなく、潜在的な声や、そもそもの目的を顧客の観察などを通じて把握することが求められる。[*6]

ＣＸ推進活動においては、ステークホルダーが共通の戦略・目標に基づき、一貫して顧客に経験を提供することが重要である。顧客にどのような価値を提供し、どのような状態になってもらいたいのか、そのために各担当者が何をするのかなどについて、社員が共通の認識を持った上で自社のＣＸを定義し、企業全体で進めていくことが求められる。

その際には、顧客のニーズは多様であることやＩＣＴなどの技術革新のスピードが増していることから、現場の担当者が常に顧客の声に耳を傾けて潜在的なニーズを把握するとともに、新しい対応策を検討し続けていくようにすることが必要となる。

働き方とライフスタイルの変容

働き方やライフスタイルをめぐっては、最近では米国を中心に２０００年代に成人を迎えた世代を「ミレニアル世代」（あるいはＹ世代）、それ以降に生まれた世代をＺ世代と呼び、その新しい志向が注目されることが多い。

ミレニアル世代を１９８０～１９９９年生まれ、Ｚ世代を２０００～２００９年生まれとすると、２０２０年の時点で、それぞれ21～40歳、11～20歳ということになる。社会保障・人口問題研究所の人口予測に基づいて試算すると、２０２０年の時点で既にミレニアル世代・Ｚ世代以降が日本の全人口にしめる割合は37％、就業者にしめる割合は44％に達している。

ミレニアル世代・Ｚ世代の特徴として、幼少期・生まれたときからデジタル製品に囲まれて育った点が挙げられる。日本での携帯電話の普及は１９９０年代の半ば以降であり、そしてスマートフォンの普及は２００８年にアップルの「iPhone 3G」が発売された頃から始まっている。ミレニアル世代・Ｚ世代は10代のときに、携帯電話、そしてスマートフォンが周囲に普及して利用されている状況下で育ったことになる。

ＮＲＩ「生活者１万人アンケート調査[*7]」によると、スマートフォンの利用率は

[図表1-3] 理想と考える暮らし

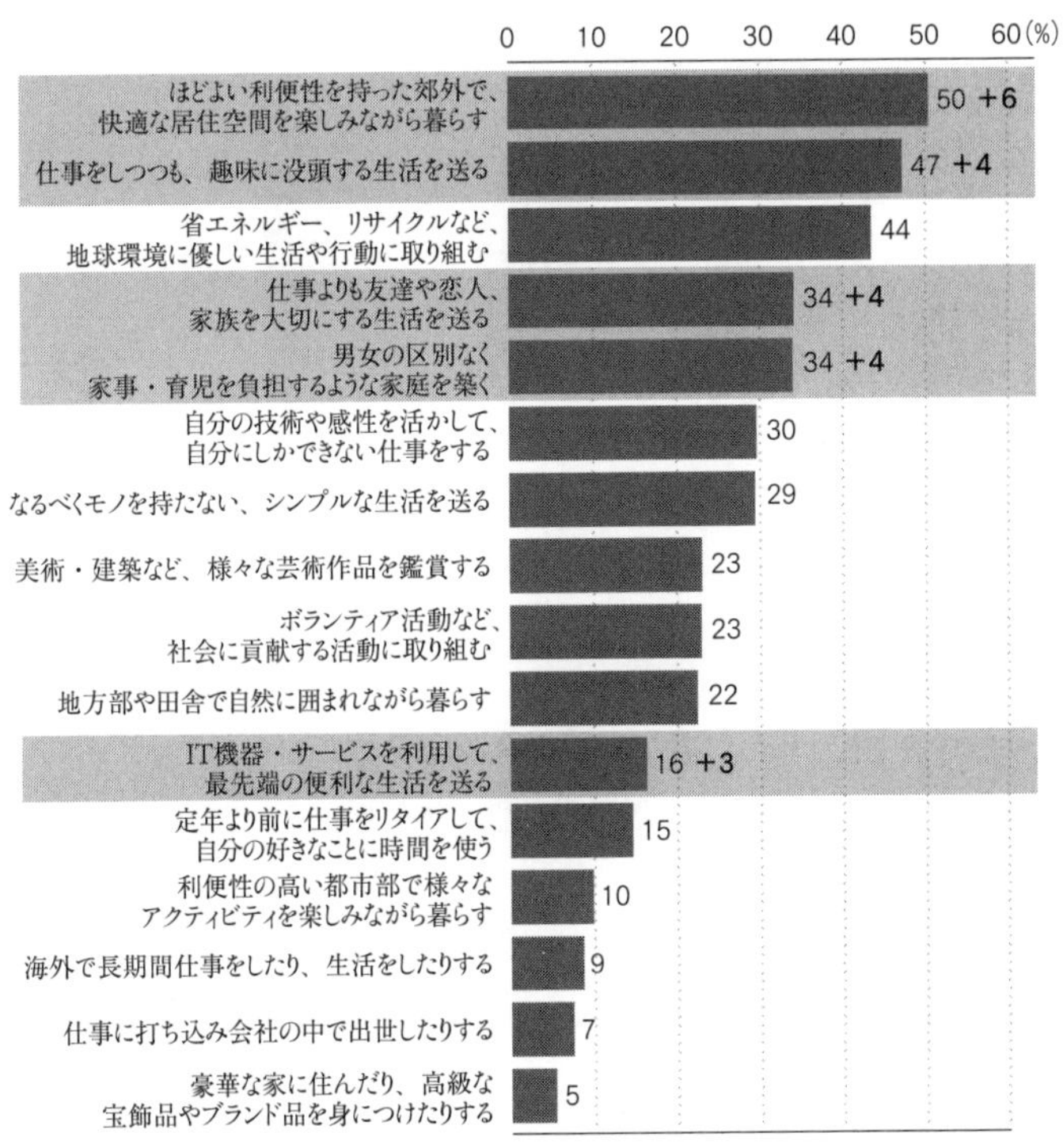

※「+●」は、2015年調査から2018年調査までの変化（%ポイント）。
変化の大きかったもの上位5つまでに記載

[図表1-4] 理想と考える暮らし（年代別、複数回答）

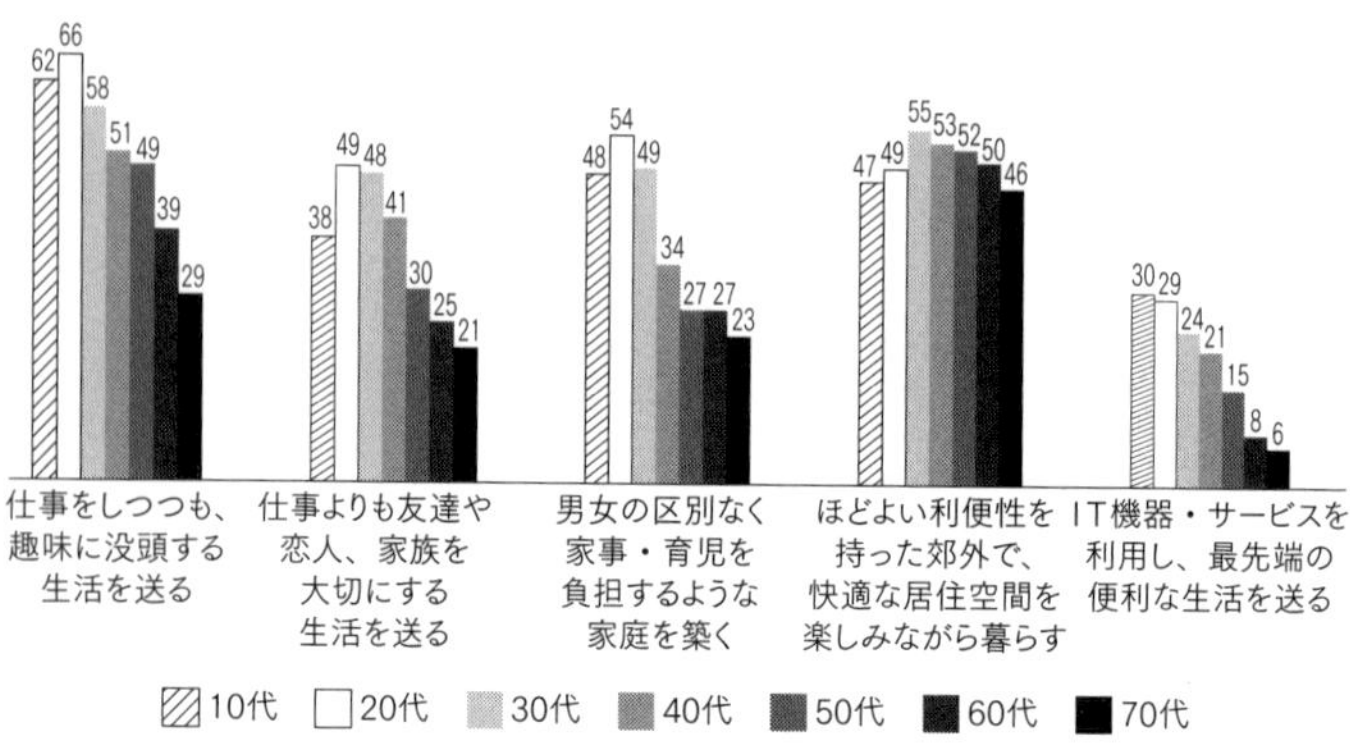

（注）単位は％

2012年の23%から2018年には71%に大きく増加した。それに伴い、平日1日あたりのインターネット利用時間（仕事での利用を除く）も64分（2012年）から119分（2018年）と大きく増加している。中でも、15~19歳、20代に限定して見ると、2018年にはそれぞれ230分、227分となっており、1日あたり4時間弱、インターネットを利用していることになる。

このような若年層が理想として掲げる暮らしについて尋ねたところ、快適な居住空間や仕事と趣味の両立、男女共同参画による家族・家庭生活の重視、IT機器・サービスを利用した生活を挙げる人の割合が増加しており、働き方改革が提唱するライフスタイルが支持を強めていることがわかる。これらのライフスタイルは年代別に見ると、若年層で支持する人の割合が高くなっており、ミレニアル世代・Z世代のような若い世代を中心にさらに広がっていく可能性がある。

2020年のCOVID-19の感染拡大に伴い、多くの人々は外出や人との密な接触を避けるように行動様式を変えたり、またテレワークの導入などで働き方や勤務形態を変更したりすることを余儀なくされた。

NRIが2020年3月末に実施した調査（全国の社員500人以上の企業に勤める男女計6184人を対象としたインターネットアンケート調査）によると、COVID-19の感染拡大以降、2020年3月末までの間に在宅勤務を実施した人の割合は約2割で、そのうち半数以上がCOVID-19の感染拡大をきっかけに初めてテレワークを経験した人だった。

テレワークを行った人の中に業務上の支障を感じた人は決して少なくなかったが、それでも、それぞれの働き方に抵抗を感じにくくなったとする人も多く、今後は「テレワーク、WEB会議などを取り入れた働き方を積極的に取り入れていくべきだと思った」と回答した人も58・8％に及んだ。[*8] 今回のCOVID-19の感染拡大を契機として、テレワークなどを取り入れた従来とは異なる新しい働き方が今後、若年層を中心に広まる可能性が高いと見られる。

一方で、このような働き方をめぐる動きは、当然、企業側にも組織運営、業務の進め方などに変革を求めることになる。テレワークの導入を前提とした場合に、どのような業務プロセスに変えていくことが望ましいか、あるいはＷＥＢ会議のようなシステムをどのように導入し活用していくのかなどの検討を通じて、日本企業は転職率が低く同質のメンバーが事業所に集まり、暗黙知と呼ばれる知識・情報を共有しながら業務を遂行するという従来の仕事の進め方の見直しを迫られることになる。

変化の激しい今だからこそ、〝変える〟ことに挑戦する

ここまで経営を取り巻く環境変化について、「ＤＸの進展」「サステナビリティ経営」「個人の価値観変化」の3つの観点を中心に説明した。これらの変化を受け、あるメーカーの社長は21世紀初頭に設定した長期ビジョンの見直しを決意する。当初、ＣＯＶＩＤ-19の感染拡大による業績への影響が出ており、従業員が対面で議論することも難しい中で、ビジョン策定に時間を割くことに社内から反対の声も出た。しかし、ＣＯＶＩＤ-19は変化を加速させ、否が応でも新しい社会へと移り変わると見据え、新しい時代のビジョンをテレワーク中心の新しい仕事の進め方を通じて、策定することとした。このように変化が激しい時代に適応した取り組みは、これからの企業経営にとって極めて重要であるといえ

[図表1-5] 2020年代の世の中の変化とCOVID-19による影響

テーマ	内容	COVID-19の影響
①DXの進展	・リアルとネットの境界が曖昧化・融合が進み、GAFAなど、巨大プラットフォーマーと既存企業との競争が激化する ・ビジネスモデル変化（XaaS・DX・オープンイノベーション）	・社会起点でのニーズに対応した技術・サービス開発の加速
②サステナビリティ経営	・株主価値最大化・短期利益追求からの脱却 ・経済的価値と社会的価値を両立し、中長期目線での経営へ（サステナビリティ経営へ）	・ステークホルダー資本主義の強まりと株主還元策の見直し ・サステナビリティ経営の加速
③個人の価値観変化（Y世代・Z世代）	・消費者の価値観変化（高次欲求への対応・CX重視） ・従業員の価値観変化（会社は自己実現の場）	・在宅勤務の普及による働き方の変化加速

る。

今後も不確実な事態が起こり得ることを勘案すると、次々と発生する課題について、クイックに対応できる経営能力が求められる。変革を一大イベントにするのではなく、変革を日常的にしていくこと、変革し続けていくことができる経営にするために必要な能力をＮＲＩは「変革永続力」と定義した。

次節では「変革永続力」を備えた萌芽事例2社について、具体的に説明していく。

＊2　日本経済新聞「アマゾン、ホールフーズ買収完了へ　生鮮品など値下げ」2017年8月25日付
＊3　日本経済新聞「トヨタがスマートシティ参入　CESで発表」2020年1月7日付
＊4　日本経済新聞「トヨタとNTTが提携、スマート都市基盤を共同開発」2020年3月24日付
＊5　日本経済新聞「シーメンスIoT　日本浸透　ソフト単体販売で導入費10分の1も　中小に商機、提携急ぐ」2020年2月4日付
＊6　NRIジャーナル「CX（顧客経験価値）の施策を成功させる鍵」2018年4月
＊7　NRI「生活者1万人アンケート調査」2015、2018年
＊8　NRI「新型コロナウイルス感染症拡大に伴う人々の行動と意識の変化から見る『学び方改革』、『働き方・暮らし方改革』の可能性～進んだ在宅勤務やオンライン会議。抵抗感の緩和や仕事と家庭の両立への効果実感につながる～」2020年4月20日

2 変革永続力の萌芽

①オムロン

進むべき方向性を強く指し示すオムロンの企業理念経営

オムロン株式会社（以下、オムロン）は企業理念経営、羅針盤となるＳＩＮＩＣ理論、長期ビジョンの策定、企業理念浸透のＴＯＧＡ活動、ＲＯＩＣ経営などにより変革を実現している企業である。それぞれの取り組みをご紹介する。

オムロンは企業理念経営を掲げている。オムロンでは、企業理念は床の間に飾るものではなく実践するためのものであるとされ、自社の揺るがない方向性として強く指し示され

[図表1-6] **オムロンの企業理念経営**

企業理念

変わることのない、わたしたちの判断や行動の拠り所であり、求心力であり、発展の原動力。

経営のスタンス

事業を通じて企業理念を実践する経営の姿勢や考え方。

長期ビジョン　VG2020

10年先を見据え、よりよい社会をつくるオムロンの強い意志を示した長期ビジョン。

オムロングループマネジメントポリシー

多様な価値観を持った社員が、グローバルに一体感を持ちながらも、一人ひとりが自律的に考え行動するためのグループ全体の運営ポリシー。

出所：オムロン資料

ていることが特徴的である。

　オムロンの企業理念経営は、企業理念に基づき、経営のスタンスを宣言し、長期ビジョンを掲げ、オムロングループマネジメントポリシーに則った統合的なマネジメントを進めていくことを意味している。企業理念と長期ビジョンを統合するものが経営スタンスであり、攻めの長期ビジョンVG2020に対して、オムロングループマネジメントポリシーが守りを担っている。企業理念経営により、オムロンとして進むべき方向性が長期ビジョン、中期経営計画、統合報告書、日々の事業運用まで全てに連動・浸透している。

　オムロンの企業理念経営の根幹である

「企業理念」の基となった社憲は、1959年に創業者である立石一真氏によって作られた。「われわれの働きで　われわれの生活を向上し　よりよい社会をつくりましょう」というものであり、これは社会的な公器性を認識することからスタートしようとしたことを意味している。

これを現代風に理解してもらうために、オムロンは2015年に企業理念を改定し、大切にする3つの価値観、①ソーシャルニーズの創造、②絶えざるチャレンジ、③人間性の尊重、を掲げた。オムロンは揺るぎない社憲を基に、さらにグローバル全社が同じ方向性を共有できるように現代の解釈を加えた。

オムロンにおける変革永続力の根幹はこの企業理念経営による統合された経営であるが、その中でもNRIが変革永続力の点で着目しているのは、「SINIC理論を羅針盤とした長期ビジョン」「企業理念の浸透」「ROIC経営」の3点である。

「SINIC理論を羅針盤とした長期ビジョン」は本書のクロスフォースモデルにおける「未来志向力」と「式年遷宮力」、「企業理念の浸透」は「共感演出力」、「ROIC経営」は「換装自在力」へ通じる考え方である。

［図表1-7］未来シナリオを捉える「SINIC理論」

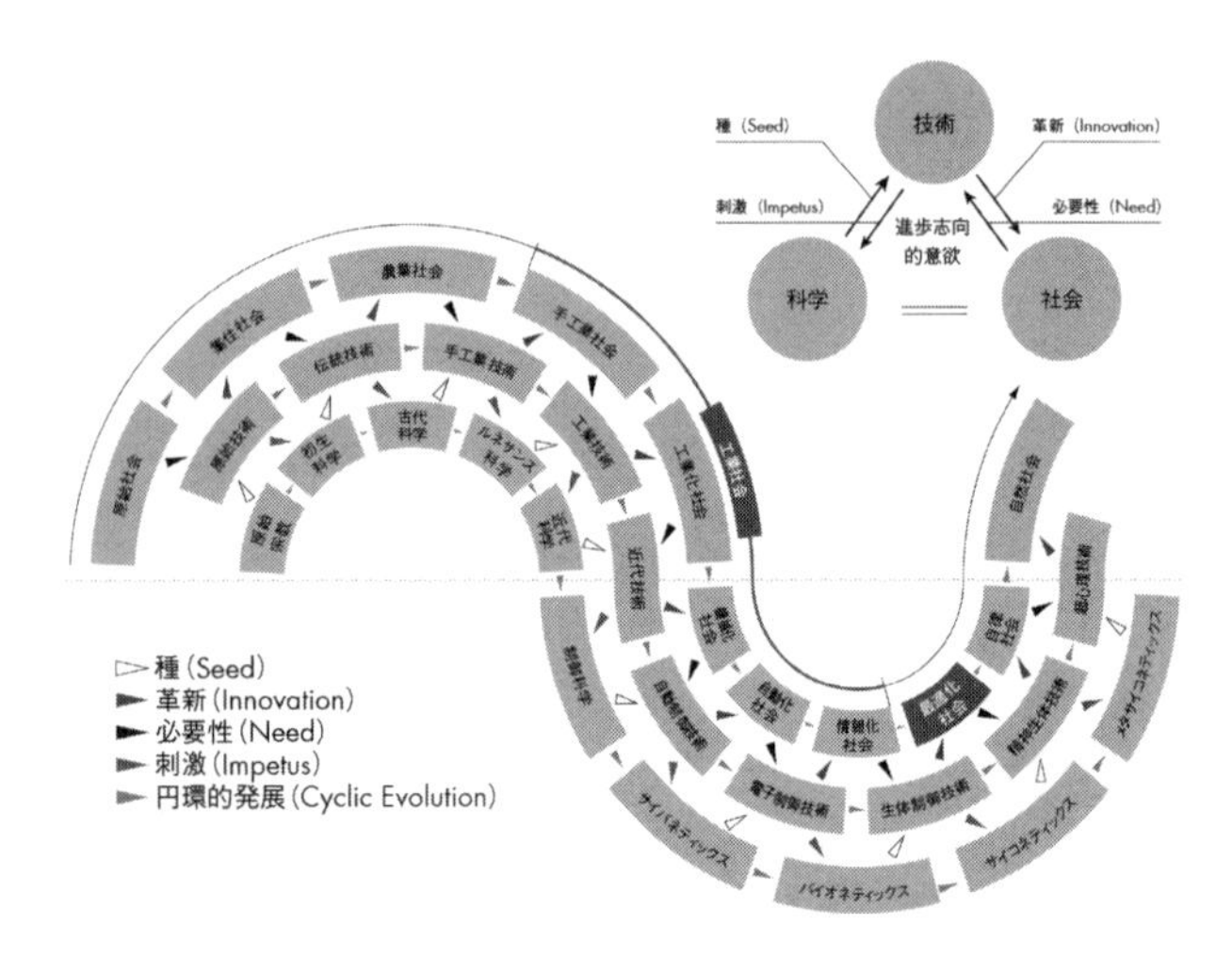

出所：オムロン資料

未来を捉えるためのSINIC理論と全社を動かす長期ビジョン

オムロンが未来を捉えるために用いているSINIC理論と、ありたい姿である長期ビジョンVG2020を紹介したい。

創業者である立石氏は、「事業を通じて社会的課題を解決し、よりよい社会を作るにはソーシャルニーズを世に先駆けて創造することが不可欠になる。そのためには未来を見る羅針盤が必要だ」と考え、科学・技術・社会それぞれの円環的な相互関係から未来を予測するSINIC理論を1970年国際未来学会で発表した。[*9]

PCやインターネットも存在しなかった高度経済成長のまっ只中に発表された理論であるが、情報化社会の出現など、21世紀前半までの社会シナリオが高い精度で描き出されている。このSINIC理論は創業者の強い未来志向力から作り出されたものであり、オムロンが進むべき未来の羅針盤となっている。

SINICは"Seed-Innovation to Need-Impetus Cyclic Evolution"の頭文字を取ったもので、「SINIC理論」では科学と技術と社会の間には円環的な関係があり、異なる2つの方向から相互にインパクトを与え合っているとしている。一つの方向は、新しい科学が新しい技術を生み、それが社会へのインパクトとなって社会の変貌を促すというもの。もう一つの方向は、それとは反対に社会のニーズが新しい技術の開発を促し、それが新しい科学への期待となるというものである。

2011年、オムロンはこのSINIC理論を羅針盤として2020年の未来を見据え長期ビジョンVG2020を策定した。激変する社会の中でも全社がSINIC理論を羅針盤として未来のありたい姿を見据えることで、執行側と本社側が違和感なく同じ方向を向くことができている。またSINIC理論を用いて経営層の願望や夢を含めた深い議論がなされており、結果として定性的ゴール、定量的ゴールの腹落ちにつながっている。

オムロンでは、長期ビジョンの策定単位を10年にすることが重要だと考えている。なぜならグループ全体の方向性、つまり経営のベクトルを定めることができるためだ。その結果、例えば10年の間に社長を含めた経営層が入れ替わったとしても、経営のベクトルがずれることはない。加えて10年単位の長期ビジョンを3〜4年単位のステージに分ける形で中期経営計画を位置づけている。

この、SINIC理論を羅針盤として、ありたい姿である長期ビジョンVG2020を定めることは、本書で変革永続力の要素として紹介する「未来志向力」に通じる考え方である。また、10年スパンで長期ビジョンを必ず策定するスタンスは「式年遷宮力」に通じる考え方である。

トップダウン・ボトムアップの取り組みによるグローバルでの企業理念浸透

オムロンの企業理念経営で忘れずに言及したいのが、オムロンは企業理念・長期ビジョンなどを浸透させる際にトップダウンだけでなくボトムアップとうまく融合していることである。企業理念を絵に描いた餅にせず、様々な取り組みの中で経営層からグローバル社員まで一人ひとりに進むべき方向性を伝えることで、日々の事業運営にまで浸透させ続けることができている。

具体的な取り組みとしては、トップメッセージ、社長車座、企業理念ダイアログ、エンゲージメントサーベイといった経営層によるトップダウンの取り組みと、企業理念職場対話、TOGA（The Omron Global Award）という社員によるボトムアップの取り組みなどがある。本書では、取締役会長の立石文雄氏による企業理念ダイアログと、代表取締役の山田義仁氏が肝いりでスタートしたTOGAの取り組みについて紹介したい。

トップダウンの取り組みである企業理念ダイアログは、2013年度から実施されている。これは企業理念の「私たちが大切にする価値観」の醸成に焦点を合わせたグループワークショップで、海外子会社幹部に対する会長の企業理念講話や、現地の社員とのグループ討議が実施されている。

2017年度には、韓国・米国・カナダ・メキシコ・オランダ・ドイツ・イタリア・日本、2018年度は、米国・ブラジル・オランダ・イタリア・シンガポール・ベトナム・中国・日本で開催され、2017年度は約210名、2018年度は約170名の現地経営幹部を中心とした社員との対話が実施された。グローバル社員においても、現地経営幹部がさらに部下にアプローチすることで、企業理念を浸透させている。

ボトムアップの取り組みとして注力しているのは、2012年度からスタートしたTOGAである。これは企業理念実践にチャレンジし続ける風土醸成を目的に、グローバル全社で1年かけて実行される活動である。
具体的には、次の5プロセスである。
① 自分たちは何をやるべきか、何をやりたいかという旗を立てる。
② 1～3年間、どういうプロセスで実施していくかを宣言する。
③ 宣言したら、実行する。
④ その成果・課題を振り返り、共有する。
⑤ そして、共鳴する。
毎年7～8月にエントリ、12月に事業部・社内選考、2～3月に日本・欧州・米州・中国・東南アジアのグローバル5極でのエリア大会選考が開催され、創業記念日がある5月のTOGA発表会では、エリア大会で選出された提案の発表が実施される。

2012年度時点では約2万人の参加者と約2400テーマだったが、2018年度には約6万2000人の参加者と約7000近くのテーマまで増加している。オムロンの社員数は2018年度にグローバルで約3万人であるが、このTOGA活動はチーム

［図表1-8］TOGAのプロセス

出所：オムロン資料

で取り組んでおり、1人が複数テーマに参加しているということである。

TOGA活動スタートから既に約3万件のテーマが実施されているが、これは事業を通じたボトムアップでの企業理念実践のチャレンジが、グローバルで3万件以上展開されているということと同義である。トップダウン・ボトムアップで従業員に共感させ、動かしていくことは、本書で変革永続力の要素として紹介する「共感演出力」に通じる考え方である。

日々の業務において変化の柔軟性を高めるROIC経営

最後に、オムロンが実践しているROIC経営についても触れたい。オムロンはROIC（Return on Invested Capital：投下資本利益率）を企業価値を測るKPIの一つとして、規模・業態により適切なROICを認識しながら経営を進めている。

企業理念経営と同じくROIC経営でも重要なのが、トップダウンで経営者だけがROICを重視するのではなく、ボトムアップで社員一人ひとりが何を実行すればよいかをわかる状態にしていることである。

オムロンは、図表1-9に示したようにROICの構成要素を左に向かって分解している。「ROICを上げる」という漠然とした目標ではなく購買、営業、生産の担当者が

［図表1-9］ROIC逆ツリー展開

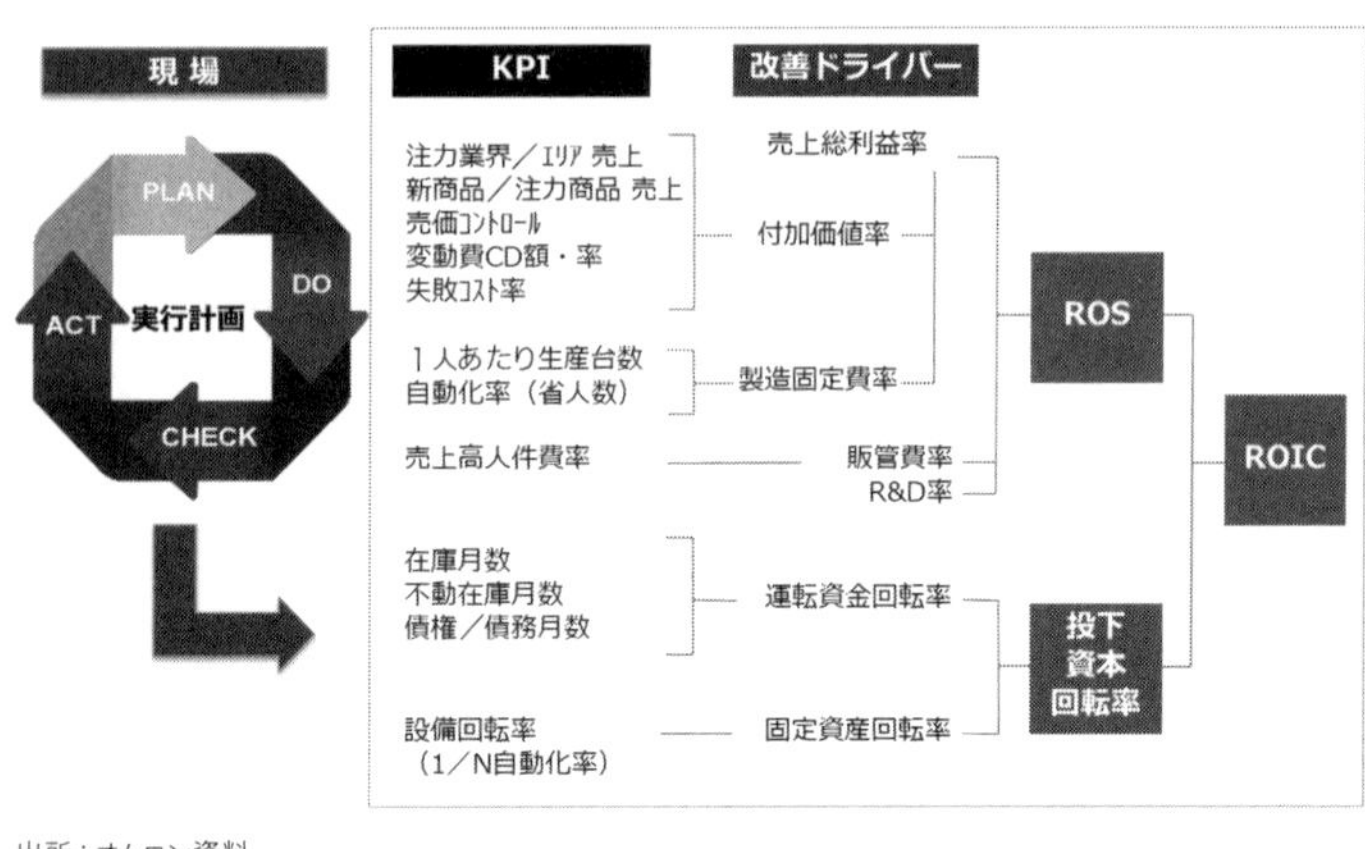

出所：オムロン資料

各々何を目標にするかを理解し、日々の業務で実践することで全体としてROICがコントロールできる。

オムロンでは、成長するためのキャッシュフローを得るため、また従業員・長期視点の株主に報いるために、最終の利益を上げ続けることが経営の最終目標だと考えている。そのため、ROICの水準を維持することだけを重視しているわけではない。

また、ROICは単なる数値であるが故に、意味を理解することが非常に重要である。オムロンではROIC経営2・0というROICの翻訳式を提示しているが（図表1－10）、この翻訳式の数値だけにこだわると現場でおかしな事象が発生する場合もある。そのため、まずは分子であ

[図表1-10] **ROIC翻訳式（ROIC 2.0）**

ROICの一般式

$$\text{ROIC} = \frac{\text{営業利益} \times (1 - \text{実効税率})}{\text{投下資金}}$$

オムロンとして「ROIC逆ツリー」で活用している式（ROIC 1.0）

$$\text{ROIC} = \frac{\text{当期純利益}}{\text{売上高}} \times \frac{\text{売上高}}{\text{投下資金（運転資金＋固定資産）}}$$

「ROIC逆ツリー」の現場起点で進化した翻訳式（ROIC 2.0）

$$\text{ROIC} \fallingdotseq \frac{\text{お客様（ステークホルダー）への価値（V）}\uparrow\uparrow}{\text{必要な経営資源（N）}\uparrow + \text{滞留している経営資源（L）}\downarrow}$$

必要な経営資源 →「モノ、カネ、時間」
滞留している経営資源 →「ムリ、ムダ、ムラ」

出所：オムロン資料

る「お客様への価値」をどう上げることができるかを前提として考え、分母では、「必要な経営資源」は使い、「滞留している経営資源」は減らしていく、という考え方を徹底している。

オムロンは、このことを正しく現場へ伝えるためにROICチームを組成し、説明する場を設けている。ROICの意味を正しく理解していないと、ROICの数字自体は高まったとしても経営の質は改善しない点を時間をかけて啓発してきた。また現場での好事例は社内イントラネットで開示し、全社的な改善も進めている。

ROICは事業ポートフォリオマネジメントにも活用されている。約90の商品・サービスからなるオムロンのサブセグメン

［図表1-11］ROICを用いた事業ポートフォリオマネジメント

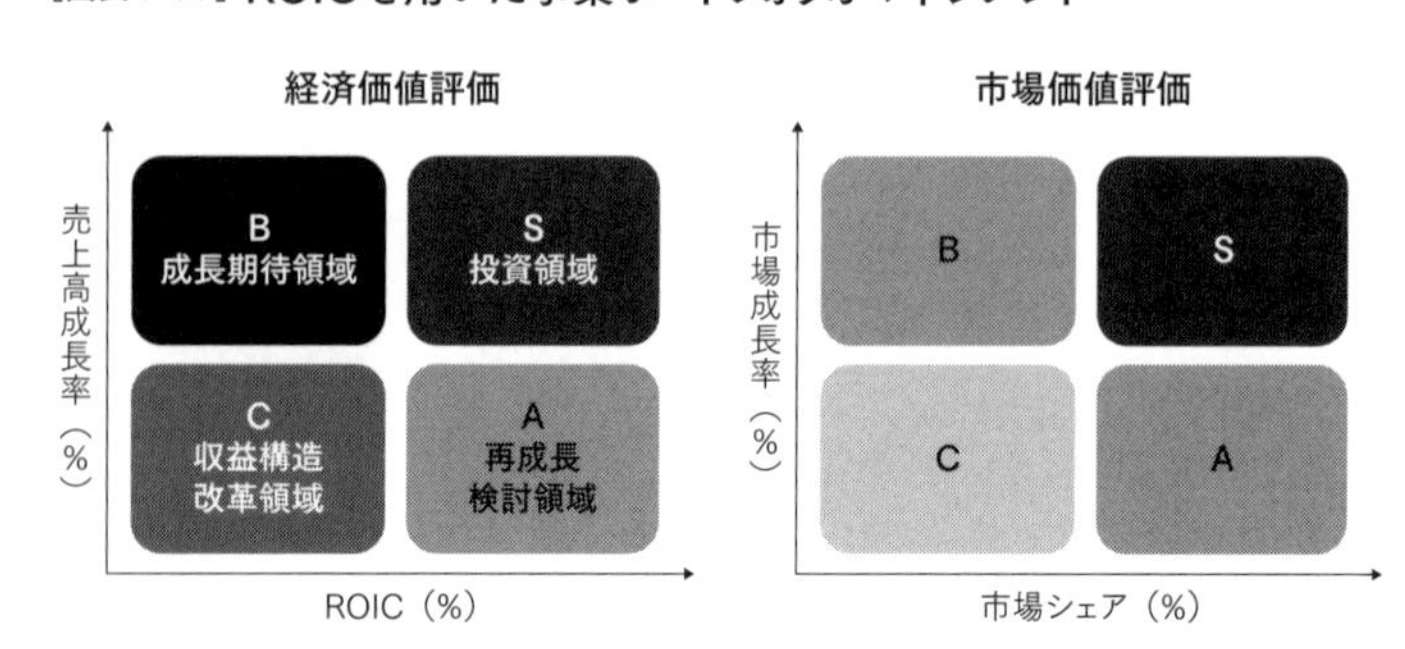

出所：オムロン社資料

トの全てについて、ROICを用いて経済価値評価を行い、市場価値評価と合わせてオムロンが取り組むべき事業を見極めている。この事業ポートフォリオマネジメントが、オムロンの経営の肝ともいえる。

ROICを用いて日頃から変化の準備を行い、企業の柔軟性を高めていることは本書で変革永続力の要素として紹介する「換装自在力」に通じる考え方である。

本項では、オムロンのSINIC理論と長期ビジョンでありたい姿を見据える取り組み、企業理念浸透で全社を動かす取り組み、ROIC経営で柔軟性を高める取り組みを紹介した。オムロンは日常から変化に対応し、結果的に大きな進化・大きな変革を生み出している。

[図表1-12] オムロンが備える4つの力

	取り組み	結果
未来志向力	・未来を予測する羅針盤となるSINIC理論	・激動する社会でも未来を見据えソーシャルニーズを先駆けて創造
共感演出力	・トップダウン・ボトムアップによる企業理念浸透	・進むべき方向性が日々の事業運営にまで浸透
換装自在力	・ROICの逆ツリー展開、ROICの事業ポートフォリオ活用	・社員目標への落とし込み、事業見極めによる変化への対応
式年遷宮力	・10年毎に必ず作り変える長期ビジョン	・進むべき方向性を外れず事業活動推進

②リクルート

変化に対応し続けてきたリクルートの歴史

リクルートグループ（以下、リクルート）は個人に常に変化を促し、一人ひとりが変化に向き合う力を最大化することで、長年変化に対応し続けてきた。

リクルートは１９６０年に創業され、２０２０年で創業60周年を迎えた。企業としての歴史は長いが、60年経った今も、起業家精神を持ち、成長し続けている。リクルートが成長し続けられる要因は、一言でいえば「変化対応力」にある。リクルートは60年間、時代の変化を捉え、事業の形も変化させている。

事業のドメインの観点で見ると、リクルートは学生向けに企業の求人情報を紹介する情報誌を祖業としており、現在も新卒採用メディアをはじめ人材領域で事業を展開している。リクルートは人材領域で確立した個人と企業を結びつけるビジネスモデルを「リボンモデル」と呼び、多様化する消費者のニーズに合わせて、住宅、結婚、旅行、飲食、美容と様々な領域に進出している。

[図表1-13] 変化し続けるリクルートの構造

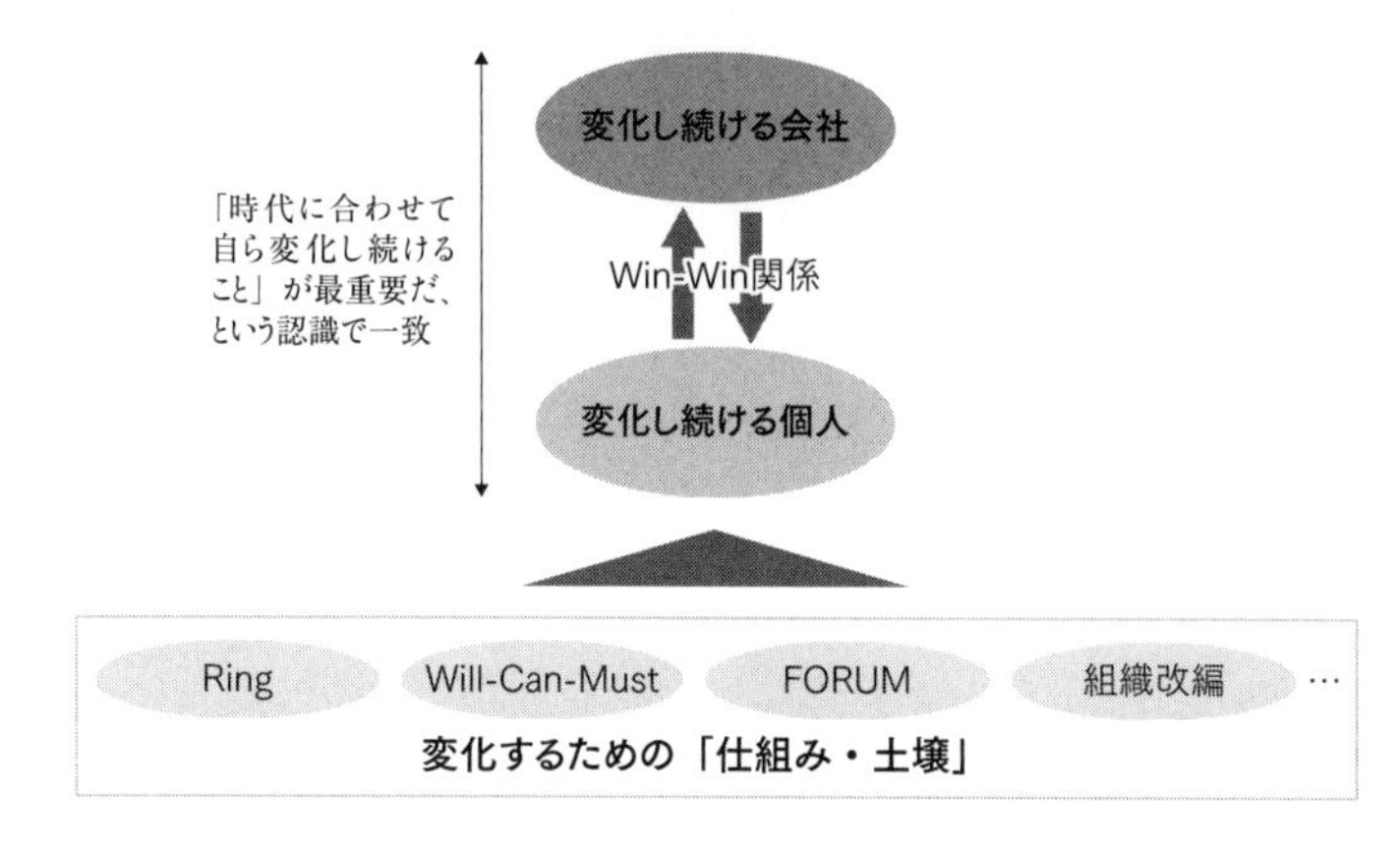

またリクルートは、時代の変化に合わせてメディアも変化させている。リクルートはもともと、情報誌を提供しており、現在Web上で運営されているメディアも多くは情報誌として発刊されていた。しかし、1990年代から本格化したインターネットの普及を受けて、多くの雑誌をWebメディアに切り替えており、全社としても近年、IT企業へと急速に変化を遂げている。

そして近年、最も変化が著しいのはエリアである。2010年代から海外進出を本格化させており、2012年には、求人検索エンジンを有するIndeedを965億円で買収した。人材領域における海外企業の買収は現在まで続いており、海外売上比率は50%に迫っている。リクルートは今や60カ国以上でWebサービスを展開しており、グローバル企業へと急速に変化している。

このようにリクルートは60年の歴史の中で事業のドメイン・メディア・エリアの観点で変化しており、リクルートの歴史は変化への対応の歴史ともいえる。

それでは、なぜリクルートは60年にわたり変化し続けて来られたのか。背景には、個を尊重するという強い文化のもと「時代に合わせて自ら変化し続けること」が最重要だ、という認識が経営層から現場まで一貫しており、変化するための「仕組み・土壌」作りを続けてきた点がある。

本節では、リクルートの勝ち筋である変化し続けられる仕組みについて紹介する。

世の中の〝新しい当たり前〟を作る発想

リクルートには、社会における〝不〟を解消するという言葉がある。リクルートにおける〝不〟とは、「不便・不満・不安」を示す概念で、事業を通じて、〝不〟を解消することがリクルートの存在意義であるという考え方が経営から現場まで深く浸透している。

例えば美容院の予約は、今でこそネットで空いている時間を探して予約するのが当たり前だが、10年前までは、お店が開いている時間に電話をして予約が空いているか確認する形だった。電話予約をしていた当時、「お店が空いている時間でなければ電話がかけられない」「いつ予約が空いているか電話をかけなければわからない」「美容師が営業時間に電話で予約の対応に追われなければいけない」のは不便であり、おかしいという認識から、今のネット予約のWebサービスが立ち上がり、世の中の新しい当たり前として定着した。

リクルートにおける〝不〟とは、一般に企業で言われている「顧客ニーズ」とは異なる概念である。「顧客ニーズ」は目の前の顧客が欲しがっているものを提供する考え方だが、リクルートにおける〝不〟とは、リクルートの社員一人ひとりが考える社会のあるべき姿が反映されている。また社会における〝不〟とは、いま目の前に見えているものだけを指すのではなく、まだ目に見えていないが、いずれ解消すべき潜在的〝不〟も含まれる。

例えばオンライン学習サービス「スタディサプリ」は、地域における予備校の有無や、家庭間の経済力の格差によって、教育環境の格差が生じている点に〝不〟を見出し、誰でもリーズナブルに高い品質の授業が受けられる社会を目指して生まれたサービスである。

このように未来を先取りして、必要とされる事業やサービスを逆算で発想する考え方は、本書で紹介する「未来志向力」に通じる。

リクルートは、事業を通じて社会における〝不〟を解消するために、「Ring」という新規事業提案制度を設けている。Ringは、新規事業の起案から段階的に審査を行い、必要に応じて事業仮説検証の予算を付与している。提案者は経営層による最終審査を通過すると、実証事業を開始する権利を得られる。

Ringの特徴として、まずリクルートが全社として、Ringに多くの経営資源を投下し、社員が挑戦する空気感の醸成をしている点が挙げられる。例えばRingの募集期間には経営層から積極的に応募するようにメッセージが繰り返し発信され、現場では過去にRingを通過し、事業化に挑戦した社員の講演や対談の機会が設けられる。その結果、毎年数百から1000件ほどの起案が集まり、その一部が「スタディサプリ」のように事業化へとつながっている。

リクルートがRingに多くの経営資源を投下する背景には、リクルートの勝ち筋が時代に合わせて自ら変化し続けることにあると考えられており、変化を続ける仕組みへの投資が不可欠であるという共通認識がある。近年、日本企業では、現場から新規事業を提案するための制度の導入が進んでいるが、その多くが事業化まで結びついていない。その要因として、変化し続けることへの投資を経営層がためらい、現場からも起案しづらい、起案しても評価されづらい点が挙げられる。

また多くの新規事業を輩出してきたリクルートは、新規事業を立ち上げる天才の集まりだと見られることがある。しかし、Ringの制度をはじめ、基本的に天才はいない前提で仕組みが作られている。求められているのは天才的な発想ではなく、一人ひとりが現場で感じた〝不〟と、事業を通じて解消するという〝思い〟であり、アイデアは皆で協力して磨けばよい、という考え方が、これらの仕組みを支えている。

社会における〝不〟を自分事化するWill-Can-Mustの仕組み

ここまで社会における〝不〟を起点とした事業の発想と、それを事業化する仕組みについて紹介した。しかし、多くの日本企業では、社会における〝不〟に着目する人材が不足しており、事業の発想につなげること自体に難しさを感じている。

リクルートでもこの点は同じである。社会における〝不〟を解消するための、具体のアイデアを持って入社する人は少数である。リクルートが異なるのは、採用過程を通じて、社会における〝不〟を解消したいという価値観を候補者に伝えており、実際に入社してから、社会における〝不〟を日常的に自分事化して考える機会を付与している点にある。

その一つが「Will-Can-Must」の仕組みである。Willはその人の意思やありたい姿や仕事で実現したいこと、Canはその人の強みや能力、Mustは半期などの短期間で達成したい目標ややるべき仕事を指す。一般に能力開発の観点からCanを重視することが多いが、リクルートではまずWillがあり、それを実現する手段としてCanを位置づけている点に特徴がある。これは、発想の起点を「Will＝未来」に持たせることに寄与している。

またリクルートには「あなたはどうしたい？」と常に問われる文化があり、物事を自分事化して捉える視点が身につく文化がある。「あなたはどうしたい？」と繰り返し問うことは、思考を深め、個人の奥深くにある内発的動機を引き出すことに寄与している。「Will-Can-Must」の仕組みは、公式に上司と部下の間だけでなく、別の部署の斜め上の上司など様々な場面で日常的に活用されている。リクルートには気軽にコミュニケーションが取れる素地があり、社内で「よもやま話」がしたいと言えば、知らない人相手でも気軽に話す時間を取る文化がある。様々な視点を持った社員との対話を行うことで、個人の内発的動機が強まるとともに、思いやアイデアが磨かれる。

現場ごとに小さい変化を積み重ね、全社に展開する

リクルートの強みは変化に対応し続ける力にあり、主に新規事業の観点から変化し続ける仕組みについて紹介した。ここからは組織・制度面を中心に紹介する。

リクルートには個を尊重する文化があり、現場で個人が創意工夫を重ねたことを全社に展開していく文化がある。それを象徴するものとして、小さく変えるための現場での実験の文化がある。リクルートでは例えば働き方の面でも全社一律の考え方で動いているというより、現場ごとに働き方を工夫し、うまくいったものを横展開する考えを採っている。

リクルートではまず現場で実験してみて、よければ変える、失敗したらやめて、元に戻すというサイクルを繰り返している。現場で小さく実験することにより、社員が日々変わることに対応すると同時に、失敗のリスクを低減している。

さらにリクルートでは、現場での変化の取り組みを全社大に共有する仕組みがある。それが、「FORUM」というグループ横断で新しい取り組みの共有を行うイベントである。

FORUMは、以下の4部門から成り立っている。

①TOPGUN（顧客接点部門）
②ENGINE（テクノロジー部門）
③GROWTH（商品開発・改善部門）
④GUARDIAN（経営基盤部門）

それぞれ全社で共有するに値する新しい取り組みやナレッジを横展開している。この仕組みによって、現場レベルで新しい取り組みに挑戦することが奨励されると同時にそれを全社に展開することが好ましいとされる文化が醸成されている。先ほど紹介したRingやFORUMは年に1回行われるイベントだが、社員イベントに参加することで自分も挑戦してみたいという「湯上がり感」が得られ、それを現場に持ち帰ることで、現場の挑戦が活性化するという循環が生まれている。

このように現場ごとに小さい変化を積み重ね、全社に展開する考え方は、本書で紹介する「共感演出力」に通じる考え方である。

全社大で変化のための試行錯誤を続ける

リクルートは基本的には現場で小さい変化を積み重ね、それを全社に展開する発想を持っているが、事業ポートフォリオや組織の改編、M&Aのように全社での意思決定が求められるアジェンダであれば、全社大でも変化の試行錯誤を実行する。

リクルートは多くの領域で事業会社を経営しており、事業会社が一体化して、シナジー効果を取り込むメリットと、分社化して事業会社ごとに時に競争しつつ、素早く意思決定するメリットのバランスを取ることが求められている。

そのためリクルートは、2012年にホールディングス制を導入して分社化し、2018年には戦略ビジネスユニット（SBU）ごとの経営体制に移行したように大規模組織改編を短期間で実行しており、現在も試行錯誤の最中にある。リクルートでは全社大でも、まず組織・制度を短期間で変えて、効果を検証する手法を採っている。

事業の成長に伴い、組織が巨大化、意思決定が硬直化すれば、変化への対応が遅れてしまうため、意図的に組織を変え、〝揺らぎ〟を作ることで、変化を保っている。これは、

[図表1-14] リクルートが備える4つの力

	取り組み	結果
未来志向力	社会における“不”を起点とした事業の発想 — 新規事業提案制度 Ring — — 未来志向を育む Will-Can-Must —	新しい事業の発想・視点の獲得
共感演出力	現場単位の創意工夫を全社展開する仕組み — 最新ナレッジ共有制度 FORUM —	現場単位で小さい変化を積み重ねることへの動機づけ
換装自在力	個人のミッション・役割を定義する制度設計 — 人事制度 ミッショングレード制 —	大規模変化にも耐え得る強い組織
式年遷宮力	短期間での大規模組織再編の実行	全社単位での変化の実現

本書で紹介する「式年遷宮力」にも通じる考え方である。

また組織改編のように大規模変化を実現するには、前提として業務内容や社内システムの標準設計がなされている必要がある。リクルートは例えば人事制度であれば、ミッショングレード制と呼ばれる社員一人ひとりの職務の価値、大きさ、及び期待・役割を明確に定義する制度が存在しており、社員はミッションに応じて役割を持ち、役割に対して報酬が支払われるという考え方が定着している。そのため組織改編や人事異動によって、それぞれ果たすべき役割が変わることへの理解があるといえる。

このように大規模変化を実現できる制度や理解の醸成は、本書で紹介する「換装自在力」に通じる考え方である。

本項では、リクルートの変化の歴史から出発し、リクルートが変化し続けられる仕組みについて紹介した。リクルートが60年経った今でも変化し続けられる背景には、こうした仕組みが存在し、変化することが勝ち筋であるという共通認識があることを改めて強調したい。

＊9　オムロンＨＰ https://www.omron.co.jp/about/corporate/vision/sinic/（２０２０年9月1日閲覧）

第 2 章

変革永続力のために

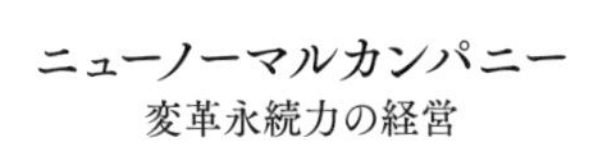

1 変革永続力のための4つの力（クロスフォースモデル）

変革永続力が目指すのは一貫性があり、日常的な変化

現在の変革のニーズは、プロジェクト型の変革ではない。一貫性のある変革そして日常的な変化である。図表2－1で示す通り、プロジェクト型の変革は経営を行うための要素を個別に分離して、単発的な変革を行ってしまう。例えば、理念体系の再構築プロジェクトの実行、というような変革プロジェクトの立ち上げ方である。

しかし、ただ理念体系を変えるだけでは会社を変えることはできない。理念体系を変えた後に、その理念体系を実現するための事業戦略、理念体系の実践を促す人事制度改革、理念体系が体現できる人材の登用、といったことまで手を付けなければ有益な改革にならない。

[図表2-1] これまでと変革永続力の変革の考え方の比較

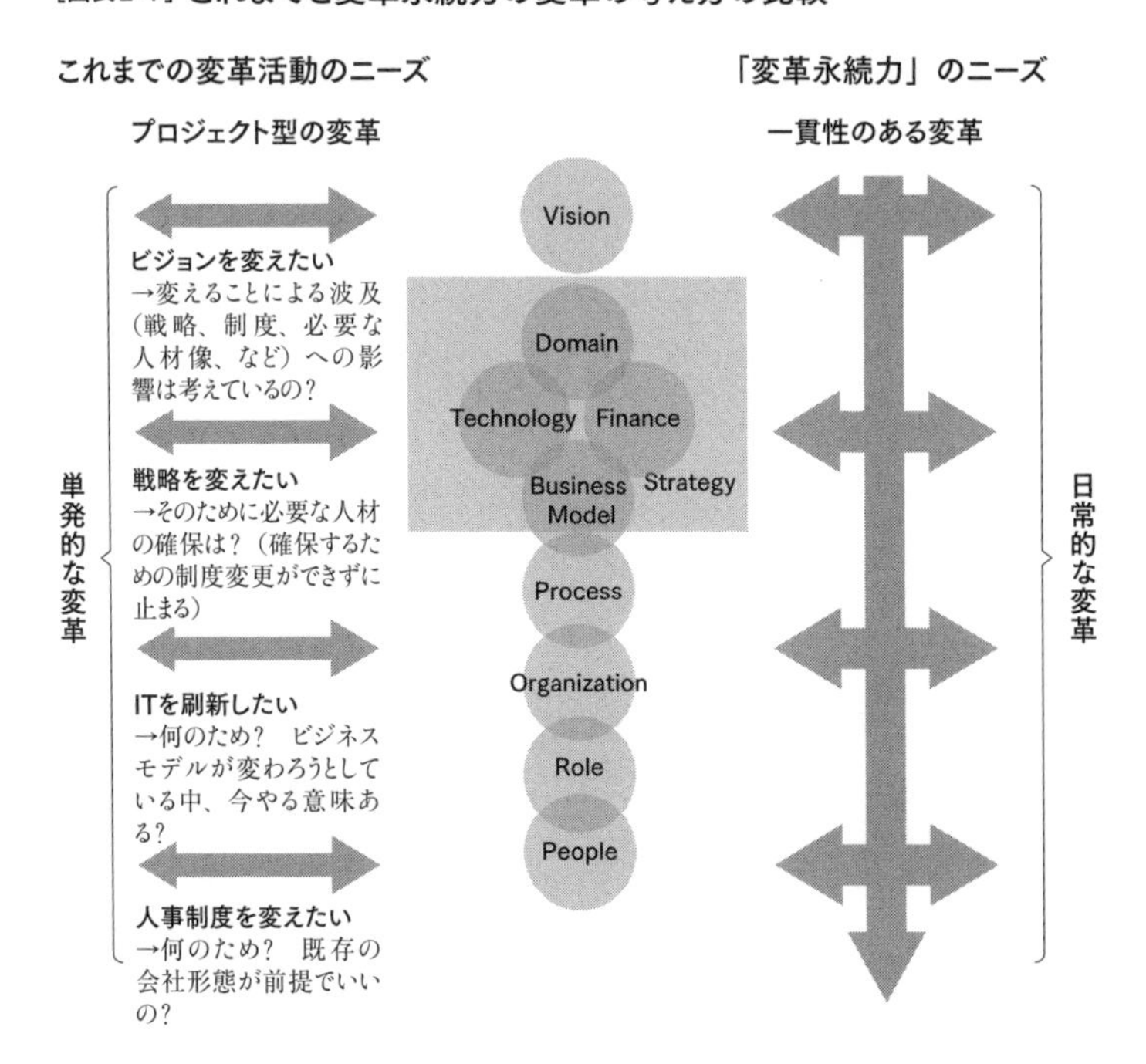

経営を行うための要素は連動しており、その連動性を担保する形での一貫性のある変革でなければ成功にはつながらない。一方で、一貫性のある変革を実践しようとすれば、非常に時間がかかる。例えば、先の例に示した理念体系の再構築及び、それに基づいた事業戦略策定、人事制度改革を行おうとすれば、少なくとも理念体系の再構築に半年、理念体系の浸透に2年、理念体系に基づいた事業戦略策定に1年、人事制度改革

に2年と、3~4年にわたるプロジェクトになってしまう。そのような長期の変革になれば、変革の実行自体も躊躇する要因になってしまう。そうならないようにするために、変革永続力では日常的に変化できる仕掛けが必要である。

変革永続力とは変革プロジェクトの常識を変えること

会社を変えたいと思い、変革プロジェクトを立ち上げようとしたとき、図表2－2のような進め方が常識になっている。

まず、唐突に変革の機運が発生する。そこから変革の準備が始まる。変革を進めるためには、しっかりとエビデンスを集めないといけないとして、現状を定量的に把握し、問題を明確にし、目標値を決め、課題を設定する、という作業が当たり前のように理解されている。この考え自体を否定するわけではないが、この進め方では作業自体に非常に大きな労力を必要とし、変革を進める前に力尽きてしまうケースが少なくない。

特にコンセンサスを重視する企業の場合、変革プロジェクトを立ち上げるための作業の段階で変革が頓挫することがある。それは、誰もが自分の言葉で問題を問題と明言したがらない、誰もが自分の責任で問題だと言いたくない、という意識があり、問題が定まらない。また、課題の中で最良の案があっても別案の検討を求め、最良の案を認めたがらない。

[図表2-2] 一般的な変革のステップ

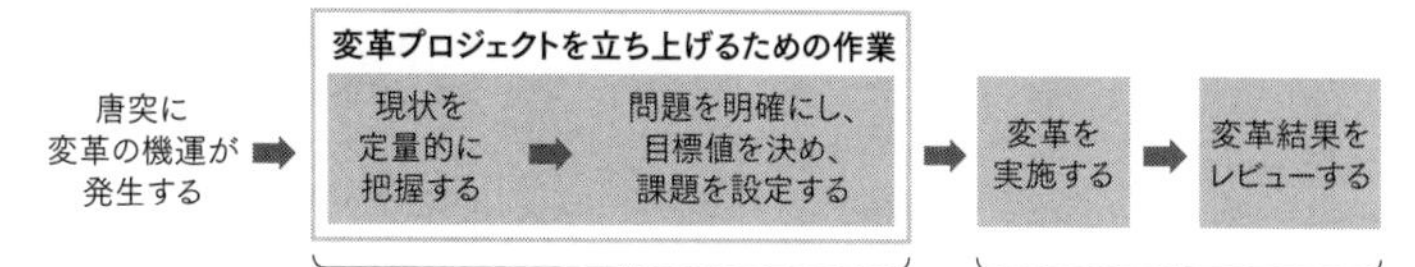

そして、いわゆる重箱の隅をつつくような些細な懸念点があれば、それを大きな課題であるかのように取り上げ、解決を求めていく。コンセンサスをもって前に進めていくが故に、これらの一つひとつが足かせになり、前に進みにくくなってしまう状況が生み出されている。

このような膨大な苦労を乗り越えて変革プロジェクトをスタートさせても、プロジェクトを終えることが目的化され、その変革によって得られる効果が二の次になってしまうこともある。ここにおいても、コンセンサスを重視するが故に抵抗勢力の言葉を無視できない、説明不足と言われれば説明をし続ける、といった苦労が生まれてくる。結果、プロジェクトの長期化が誘発され、当初の目的も形骸化してしまう。

上記のような変革プロジェクトの頓挫を繰り返した結果、会社の存続が危うい状態にまで変革を先送りしてしまうケースや、変革プロジェクトを実行する余力がなくなっているケースが散見される。

[図表2-3] 変革永続力の変革のステップ

よりよいと思われるやり方を案出し、とにかく変化させてみる

変化の結果の良し悪しを実感し、次の変化のヒントとする

日々の変化の繰り返し

数年単位での大規模改修の繰り返し

日々の変化では変えることができない部分を刷新変化する

〈変革ステップの前提〉

時間が経過すれば、そもそも「変化は必要」であることを当たり前とする
（経営環境は移り変わり、仕組みも陳腐化していくことが当然と考える）

ＮＲＩは、変革プロジェクトにおいて、図表２－２のようなステップは、今の時代のニーズに合わなくなってきていると感じている。今の時代は、経営環境の変化が目まぐるしいため、上記のステップを踏んでいる間に経営環境が変化してしまう。現状を精緻に定量的に把握する作業を始めれば、現状を整理するためだけに膨大な時間を要してしまい、変革が変化したビジネス環境に合わなくなってしまうためである。

そこでＮＲＩは、図表２－３のような進め方を提唱したい。

変革ステップの前提として、経営環境は移り変わり、仕組みも陳腐化していくことが当然と考える。その上で、時間が経過すれば、そもそも「変化は必要」であることを当たり前とする、ということである。

この前提において、日々の変化の繰り返しも当たり前に実施していく。その中で「現状よりよいと思われる方

法に変えれば結果もよくなるはずだ」「もし間違っていれば、元に戻せばいい」と考え、まず変えてみる、やってみる、といった〝変えてみること〟を主体に置いた変革のステップを推奨している。少しずつの変化の積み重ね、トライ&エラーの積み重ねによって、最終的に目的となる姿に到達する、という考え方である。

ただ、それだけでは経営環境の変化に対応できない部分も出てくる。日々の変化では変えることができない部分を刷新するために大切なのは、数年単位での大規模改修の繰り返しを習慣化することである。大規模改修のタイミングを明確にすることで、アドホックな変革、先送りされ変革が進まない状態を回避していく。繰り返しになるが、数年経てば仕組みは陳腐化する、という前提があるため、このような変革行動が是とされる。

あるＩＴ企業の事例を挙げる。その企業においては、顧客サービスの基盤となるシステムの刷新が迫っており、システム全面刷新プロジェクトが発足した。しかし、システムが巨大な故にマネジメントが難しく、何度もプロジェクトの頓挫を繰り返していた。

そこで、全面刷新によるリニューアルはやめ、各部分を定期点検のタイミングでリニューアルしながら標準化していく方式に変え、計画的な刷新を試みた。その結果、数年後には全体がリニューアルされたシステムに刷新することができた。これは、刷新を大上段に構えず、日々の変化を繰り返すことで成功した例である。大きな変革であるほど、日常的に変化していった方が近道であったことを示唆している。

変革永続力のために必要な4つの力

変革永続力を備えた萌芽事例として、オムロン・リクルートについてケーススタディを行った。これらの会社においては、変革永続力を発揮するための取り組み・仕掛けが経営のメカニズムの中に埋め込まれていることがわかった。そして、本書においてそれらは4つの力に分解できると整理した。

それらを総称し、クロスフォースモデルと定義している。

まず、会社のイキイキを強める力を大切にしている。未来を予測し、ありたい姿を見据え、取り組むべきことを導き出す「未来志向力」と、会社の目指す幸せの姿・ありたい姿を従業員に共感させて巻き込む「共感演出力」を備えていた。

また、変化をやり抜く力も強い。機動的に会社の人・組織、業務、システムを入れ替える「換装自在力」と、定期的に変化に向き合い絶えず変化に取り組む「式年遷宮力」を備えていた。

未来志向力、共感演出力、換装自在力、式年遷宮力をカタカナ語で言えば、未来志向力＝バックキャスト、共感演出力＝インフルエンス、換装自在力＝アセンブル、式年遷宮力

［図表2-4］変革永続力を構成するクロスフォースモデル

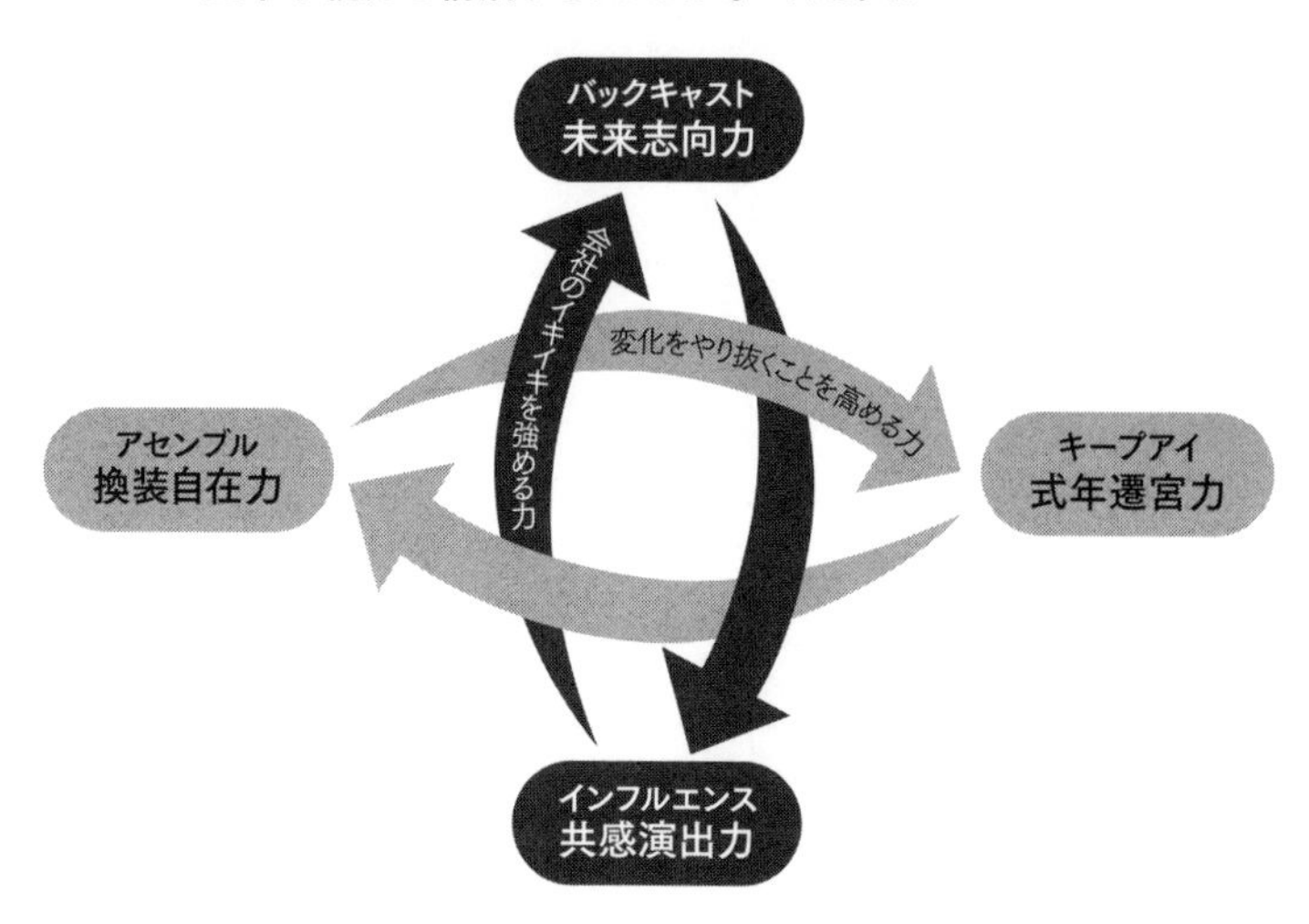

＝キープアイと称している。

ＮＲＩは変革永続力を備えるにはこの４つの力が必要だと考えている。そしてこの４つの力において、縦糸と横糸を絡み合わせることで変革永続力の発揮が可能となる。

先進企業におけるクロスフォースの実践例

クロスフォースのそれぞれの力の意味については後述するが、これらの力を先進事例の各社がどのように実践しているのかを、図表２－５で示している。

本書の第１章２節で取り上げたオムロン・リクルートは、４つの力に対してユニークな取り組みを実践している。

次節より、クロスフォース（未来志向

[図表2-5] クロスフォースの実践例

	オムロン		リクルート	
	取り組み	結果	取り組み	結果
未来志向力	未来を予測する羅針盤となるSINIC理論	激動する社会でも未来を見据え、ソーシャルニーズを先駆けて創造	社会における"不"を起点とした事業の発想	新しい事業の発想・視点の獲得
共感演出力	トップダウン・ボトムアップによる企業理念浸透	進むべき方向性が日々の事業運営にまで浸透	現場単位の創意工夫を全社展開する仕組み	現場単位で小さい変化を積み重ねることへの動機づけ
換装自在力	ROICの逆ツリー展開、事業ポートフォリオマネジメント活用	社員目標への落とし込み、事業見極めによる変化への対応	個人のミッション・役割を定義する制度設計	大規模変化にも耐え得る強い組織
式年遷宮力	10年ごとに必ず作り変える長期ビジョン	進むべき方向性を外れず事業活動推進	短期間での大規模組織再編の実行	全社単位での変化の実現

力、共感演出力、換装自在力、式年遷宮力）の意義について述べていく。

2

未来志向力

未来を予測し、ありたい姿を見据える

本節では変革永続力のクロスフォースのうち、会社のイキイキを強める力にあたる未来志向力について説明する。未来志向力とは、未来に起こる変化やそのときの社会の状態＝「未来シナリオ」を予測し、「ありたい姿」を見据え、バックキャストで取り組むべきことを導き出す力を意味する。

未来を志向するとは、未来を見据えて行動を決めることである。「持続的な成長のために、現在の足元だけを見ていてはいけない。未来を考えることが必要なのは当たり前だ」と言う方も多いだろうが、本書では、未来を考えるだけに留まらず、自社に影響のある要素を見極め、未来においてありたい姿を見据え、未来起点のバックキャストで現在取り組

［図表2-6］クロスフォースモデル：未来志向力

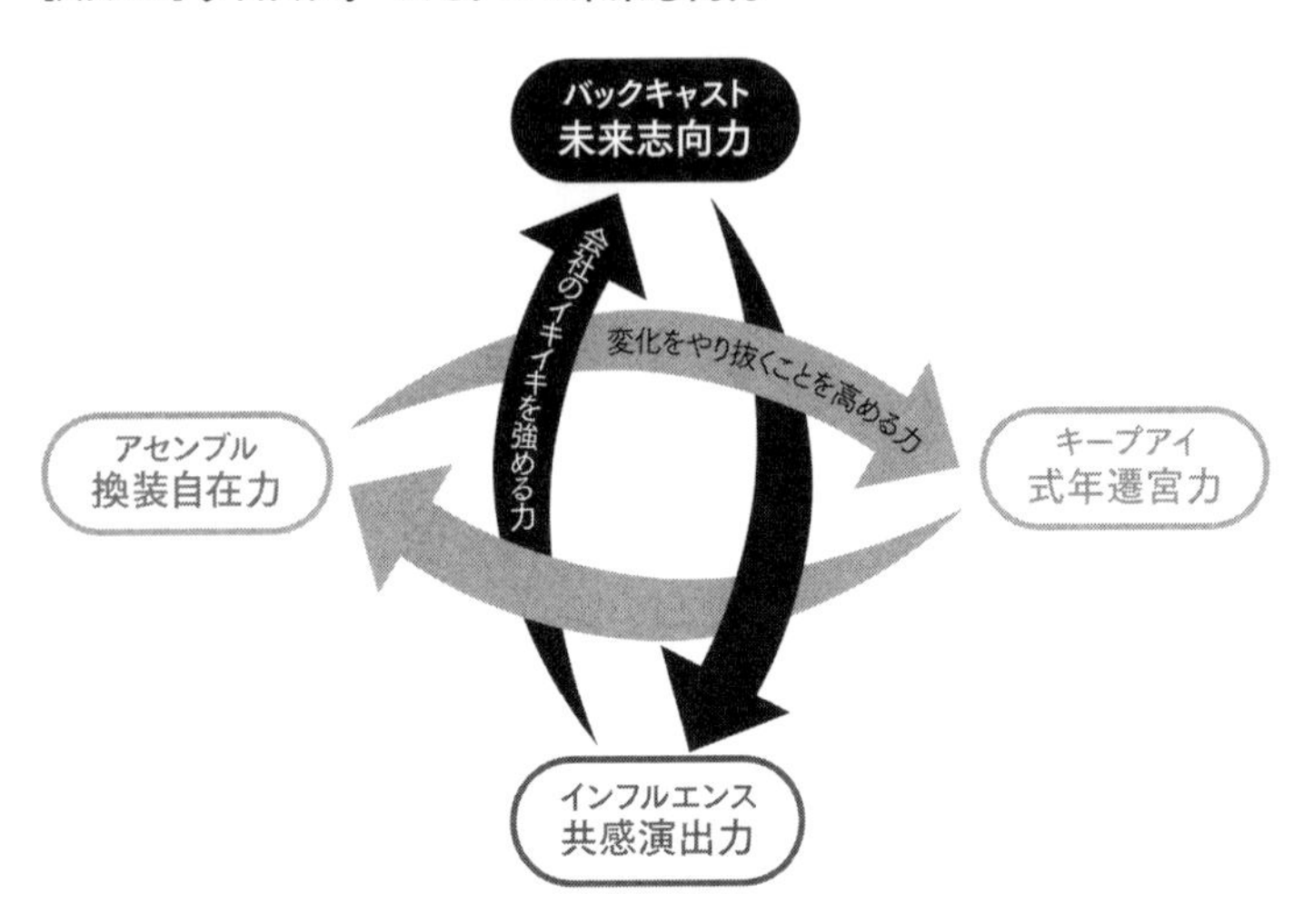

むべきことを導き出す力が重要であると述べたい。

本書では、会社のイキイキを強めるもう一つのフォースとして「共感演出力」を定義している。「共感演出力」は、会社の目指す幸せの姿・ありたい姿を従業員に共感させて巻き込む力を指しているが、未来志向力で見据えた「ありたい姿」を実現させていくためには欠かせない力であり、未来志向力と密接している。

変化に応じた「ありたい姿」を見据える

未来志向力を発揮するためには、有限の時間軸における「ありたい姿」を見据えることが重要である。ありたい姿とは、ある未来地点において事業を通じて何を成し遂

［図表2-7］未来志向力・共感演出力の全体像

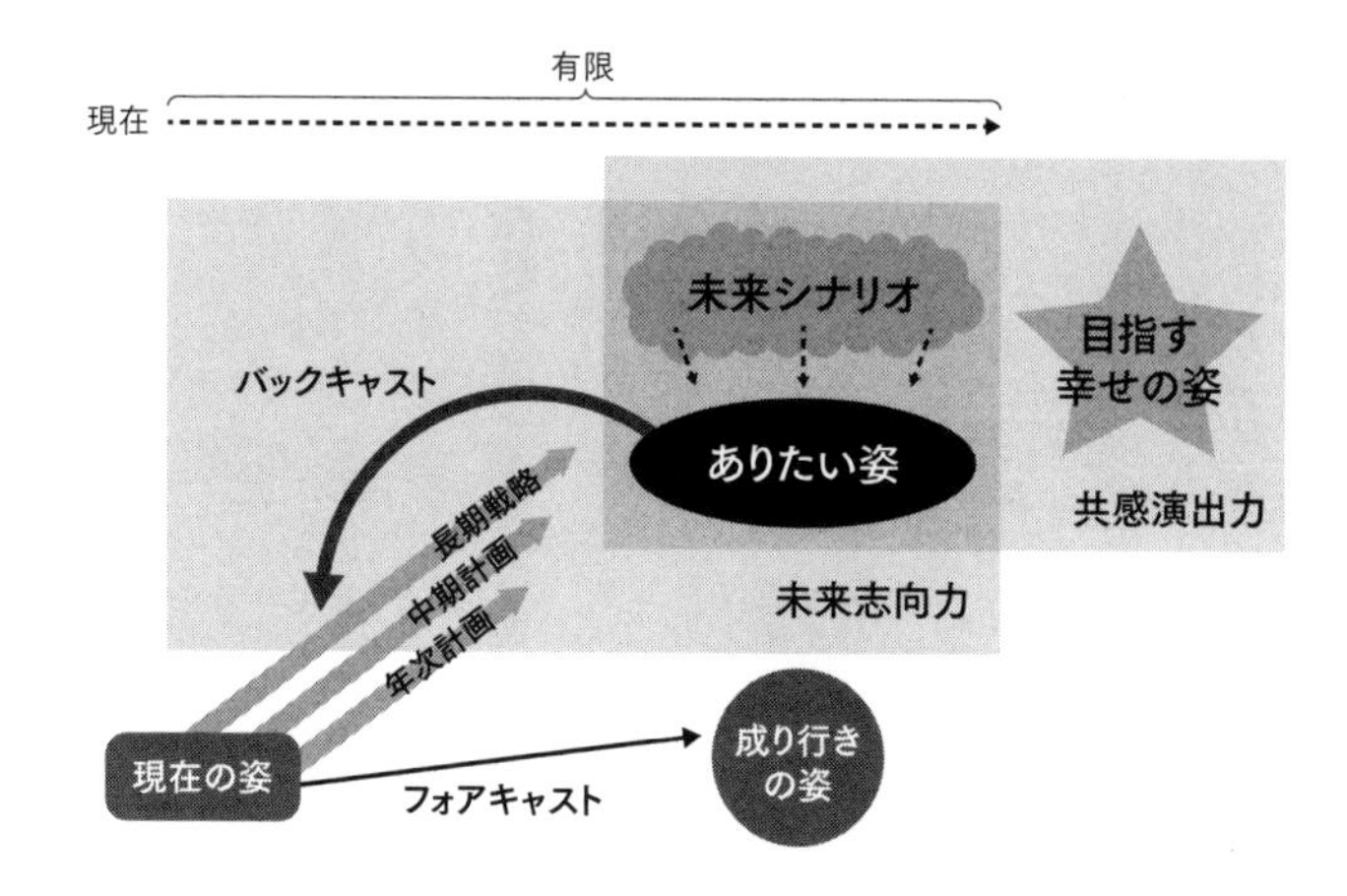

げたいのか、どのような姿になりたいのかの進むべき方向性を示すものであり、一般的に、長期ビジョン、20XXの目指す姿などにあたる。

不確実性が高く変化の激しい世の中においてありたい姿が示されていない場合、組織は硬直化し柔軟に変化することができず、成長は見込めない。変化が激しいからこそ、ある未来地点を定め、その時々の社会変化に応じたありたい姿を見据え、全社一丸となって進んでいくことが必要である。

ありたい姿を見据える際に、その企業で長年守られてきた変わらぬ価値観やアイデンティティも影響してくるだろう。一般的に企業理念、社是、社憲、企業DNAなどと呼ばれるが、本書では「目指す幸せの姿」と表現している。

目指す幸せの姿は重要ではあるが、「変わらない、揺るがない」方向性であるが故に、それ単体では変化の激しい世の中において進むべき方向を柔軟に指し示すことは難しい。そのため、目指す幸せの姿は北極星のように存在していながら、その時々の社会変化に合わせた「ありたい姿」を具体的に示していくことが重要となる。

未来の最大多数の最大幸福を考えるバックキャスト思考

ありたい姿を見据えたら、実現するために取り組むべきことを導き出す必要がある。その際に重要となるのが、バックキャスト思考である。

バックキャスト思考とは、ある事柄において目標となる未来を定めた上で、そこを起点に現在を振り返り、現在取り組むべきことを考える未来起点の発想法である。対になる言葉はフォアキャスト思考で、過去のデータや実績から未来を予測する発想法である。バックキャスト思考は未来の目標起点、フォアキャスト思考は過去と現在の実績起点で発想する点で異なる。

オムロン取締役の安藤聡氏の言葉で表現すると、バックキャスト思考においては「未来の最大多数の最大幸福」を考えることが重要である。フォアキャスト思考に基づいた経営

[図表2-8] バックキャスト思考とフォアキャスト思考の定義

	バックキャスト思考	フォアキャスト思考
概要	目標となる未来を定めた上で、そこを起点に現在を振り返り、現在の取り組むべきことを考える発想法	過去のデータや実績を積み上げ、未来を予測する発想法
発想起点(When)	未来の目標起点	過去と現在の実績起点
誰のため(Who)	未来の最大多数の最大幸福	現在の最大多数の最大幸福

では、「現在の最大多数の最大幸福」に目がいき、どうしても現在の主力事業の拡大や既得権の温存を重要視してしまいがちである。バックキャスト思考では、「現在の最大多数の最大幸福」にはならないにしても「未来の最大多数の最大幸福」のための決断が必要となる。

ここで、異なる2つの事業X、Yを持つA社を例にフォアキャスト思考とバックキャスト思考の考え方の違いを説明しよう。A社において主力事業Xは、売上構成比の7割をしめ、利益率も市場平均並みの8%あるが市場は縮小が見込まれている。一方、事業YはA社売上の1割にも満たないが、利益率が20%と高くこれからの市場拡大が見込まれている。

事業X・Yどちらに投資すべきか、という問いに対して、フォアキャスト思考では、事業Xのシェアを維持・拡大し、従業員の技術・ノウハウの温存に投資することを選択してしまいがちである。一方、バックキャスト思考では、事業Xのシェア拡大は狙わず、事業Xでの利益を事業Yに投資する、もしくは新規事業Zを立ち上げるための研究開発に投資することで未来の最大多数の最大幸福を実現する、という判断も必要となる。バックキャスト思考が重要だと述べたが、日々の事業活動を行う上ではどうしても足元の数字・課題に気を取られてしまうため、フォアキャスト思考から抜け出すことが難しい場合もある。バックキャスト思考であり続けるための要件は、大きく振り切った未来シナリオをシミュレーションすることであると考える。

例えば「20XX年までに大地震が起き、首都圏が壊滅してしまう未来シナリオの中で、企業として生き残るためには何が必要か」や、「個人の価値観変化と技術進歩が重なり、人間はバーチャル世界を主としてアバターとして生活し、現実世界がサブとなる未来シナリオの中で、それでもなお人々に求め続けられるモノ・サービスは何か」など、未来シナリオを大きく振り切って設定すると、既存事業にとらわれない検討を行うことが可能である。

未来志向が重要だと繰り返し述べているが、事業環境変化は激しく、いつ何が起こるかを言い当てることは非常に困難である。未来志向力において重要なのは未来に起こる事象を言い当てることではなく、様々起こり得る未来に対して大きく思考を振り切って検討し、自社に影響が大きいと考えられる未来シナリオを意思を持って取捨選択していくことである。

オムロンでは、1970年に創業者が提唱したSINIC理論に基づき20～30年先の未来を見据え、バックキャストで10年間の長期ビジョンを策定している。加えて、その長期ビジョンの達成を目指して、3～4年の中期経営計画においても常に10年先の将来を展望して経営のPDCAを回している。

オムロンの長期ビジョンはフォアキャストではなくバックキャストで策定されているため、全ての項目が緻密に積み上げられた定量ゴールというわけではなく、未来シナリオの中で経営層の考える「こうなりたい」という目標が掲げられている。長期ビジョンには、SINIC理論を用いて意思を持って取捨選択された未来シナリオと、その未来シナリオにおけるオムロンのありたい姿が示されている。

リクルートでは、既存事業にとらわれない視点での新規事業が様々生み出されているが、社内に浸透している「社会における〝不〟の解消により世の中の新しい当たり前を創る」という考え方がまさにバックキャスト思考である。リクルートの〝不〟は一般企業で言われる「顧客ニーズ」とは異なり、「リクルートが考えるあるべき未来」を起点として、そこからバックキャストで社会が解決を求めているものを〝不〟としている。この〝不〟の考え方は全社に浸透しており、「リクルートが考えるあるべき未来」を従業員一人ひとりが見据え、未来起点のバックキャストにより、世の中の新しい当たり前を「創って」いる。

経営トップと従業員双方の未来志向力が必要

フォアキャスト思考によって、積み上げ式で未来を築き上げることでも企業としての存続は可能かもしれない。しかし、過去のデータや実績からの積み上げでしかないため、現状の延長線上での成長しか期待できない。また、技術革新や顧客嗜好の変化がますます激しくなっていく今後の世の中においては、現状の延長線上での成長でさえ困難になってきている。例えば中期計画が未達で終わってしまう企業も散見されてきている。

今後、ますます未来を見通すことが困難になるからこそ、未来志向力を持ち、未来シナリオとその未来シナリオにおいて自社が進んでいく方向を指し示すことが、これからの経営トップに一層求められていく仕事となる。

変化の激しい中で未来シナリオを少しでも確からしいものに近づけるために、経営トップは何ができるだろうか。それは、好奇心を膨らませ、生の情報インプットを増やすことである。社長室に閉じこもってデスクで座っているだけでは情報が摑めず、未来に起こる変化や社会の状態の仮説を立てることはできない。現地現物の精神で現場に向かい、様々な従業員から未来の話を聞くこと、自社に影響しそうな要素のインスピレーションを得ることが重要である。社内に留まらず、社外の様々な人と対談を行うことで視野を広げることも重要である。

また、経営トップは新規事業に注視していくことが求められる。既存事業はチーフオフィサーに任せ、経営トップはチャレンジングなテーマを注視していくことでバックキャスト思考を維持することができる。

もちろん、経営トップだけが未来志向力を持ち合わせていればいいわけではない。経営トップの見据えたありたい姿を実現させるためには、従業員がそれらを理解し、腹落ちし、全社として動かしていくことが必要となる。

さらに、激変する環境においては従業員一人ひとりが、自らが考えるありたい姿を経営トップにぶつけていくことも重要である。特にミドルリーダーにおいては、自らが考える企業としてのありたい姿を導き出し、その実現に向かって実践していくことが、日々の変革を生み出し、会社のイキイキを高め、未来を切り開いていくことにつながる。

本書では、変革永続力を発揮するためのメソッドとして、7つのメソッドを紹介している。未来志向力については、外部環境の未来を把握して状況に応じて更新し（未来年表化）、内部の戦略や計画を道筋として把握できるようにする（ロードマップ化）、が特に関連の強いメソッドになる。

3 共感演出力

「共感」を軸に従業員を巻き込む

本節では変革永続力のクロスフォースのうち、会社のイキイキを強める力にあたる共感演出力について説明する。共感演出力とは、会社の目指す幸せの姿・ありたい姿を従業員に共感させ、分散的かつ演出的に従業員を巻き込む力を意味する。

共感演出とは、「共感」を企業が意図的に〝演出〟する力である。共感を演出することで、従業員の能力を効果的に引き出すことができる。共感演出力では、全従業員のうち2：6：2の法則における、特に〝6〟の大衆層でパフォーマンスを最大化することを目標としている。結果として、一体感の創出、従業員1人あたりパフォーマンスの向上、採用力の向上、離職率の低下などの効果を企業にもたらすことが期待できる。

［図表2-9］ クロスフォースモデル：共感演出力

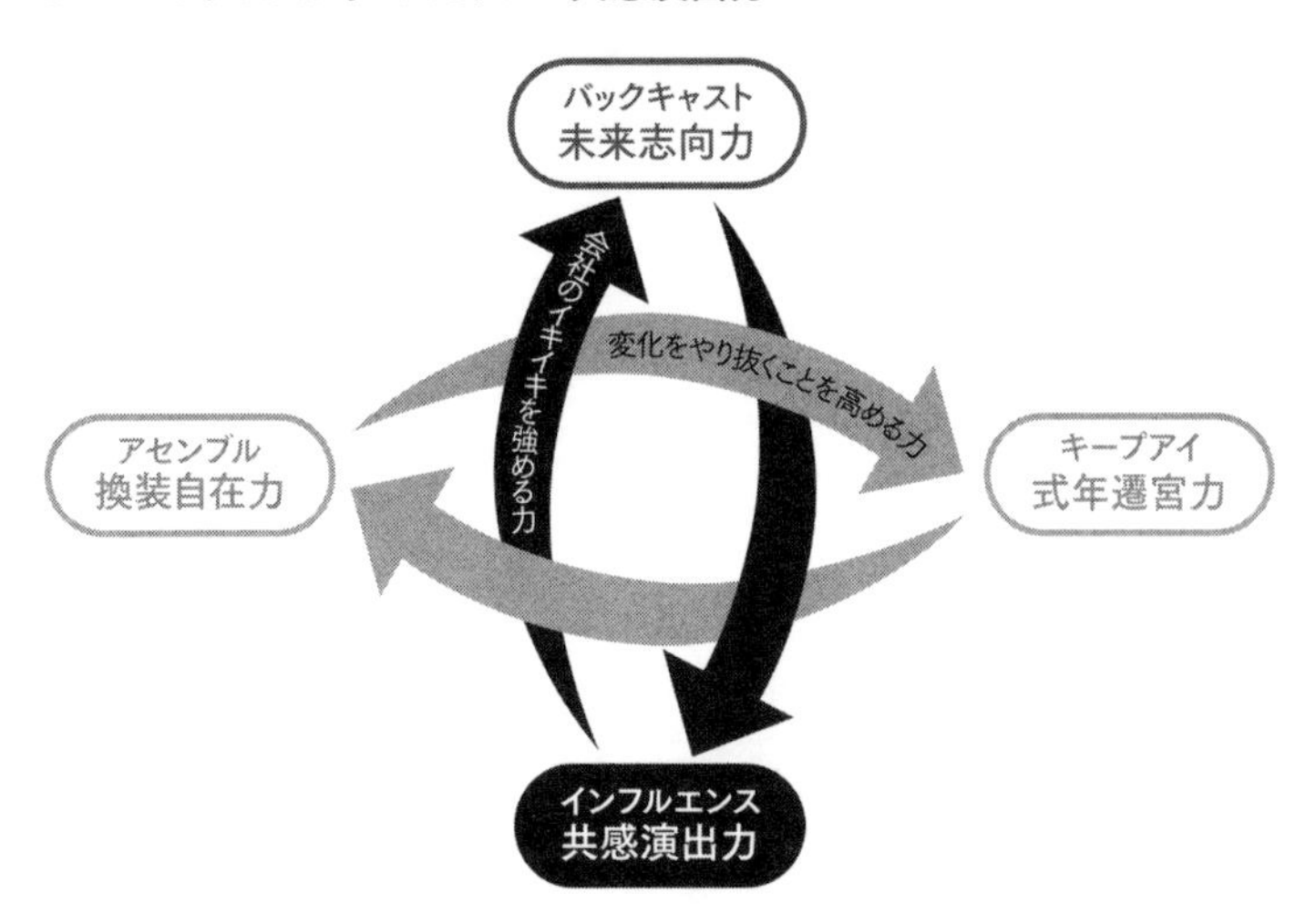

第1章1節でも触れた通り、世代及び環境の変化から個人の価値観は大きく変容している。会社はあくまでも個人の自己実現の場にすぎず、個人から就社の概念は失われているため、会社に所属する意味を見失うといとも簡単に退職してしまう。企業は人材が入れ替わることも視野にいれた上で、その局面局面で結成可能なチームにおいての最大限のパフォーマンスを引き出す仕掛けが必要となっている。

本書では、会社のイキイキを強めるもう一つのフォースとして「未来志向力」を定義している（図表2－7）。共感演出力では、当該企業が存在するゆえんであり企業が存続し続ける限り変わらない目指す幸せの姿と、未来志向力で見据えたありたい姿を、具体的に実現していくことを目的としている。未来を描くのは、一部の経営層・次世代キーマンにならざるを得ない。しかし現実は、一部の人間だけでは会社を成長させることはできない。そのために従業員の力を集結させ、パフォーマンスを最大化させるエンジンとなるのが共感演出力である。

なぜ「共感」は重要なのか

新しい概念・価値観を浸透させていくためには、図表2-10に示す通り、段階がある。第1段階は、「理解（認知）」である。理解（認知）は、その概念の存在は認識しており、意味を表面的に理解している、あるいは言葉を知っているに留まっている段階である。第2段階としてステップアップした状態が「共感」である。共感とは、概念・価値観に対して個人的な感情で同意している段階である。第3段階が「実践」である。実践とは、概念・価値観を、自らの行動で体現する段階である。最終段階となる第4段階が「伝道」である。伝道とは、概念・価値観について他人に伝え、影響を与える段階である。

浸透度は、基本的にステップアップ構造である。理解できていなければ共感できないのは当然であろう。本書では、共感できていないと実践や伝道といった行動に至らないということに着目する。裏を返せば、感情的に「共感」することができれば、その後の「実

［図表2-10］浸透のプロセスモデル

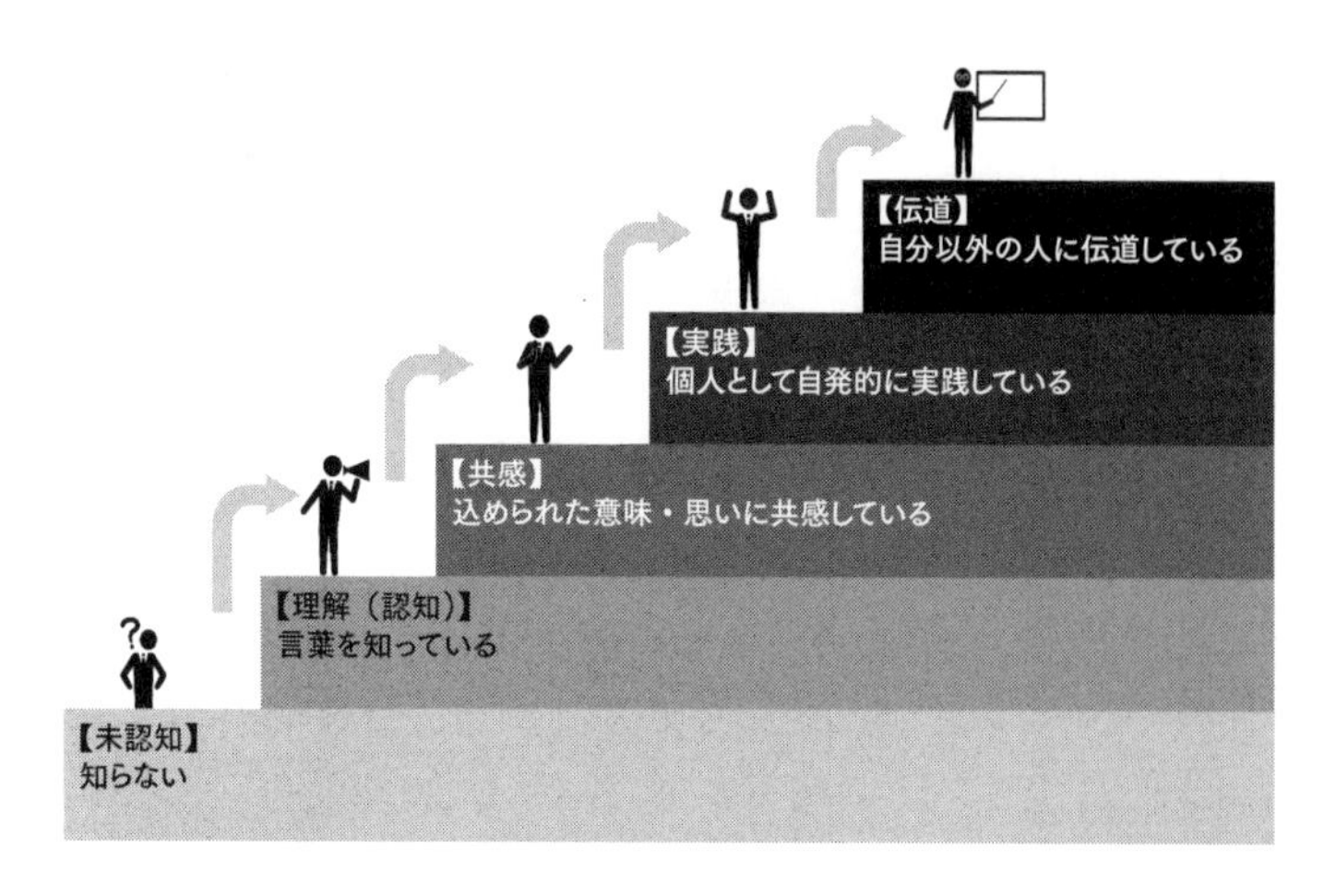

践」や「伝道」といった行動にもつながる。

すなわち、多くの従業員に対して、会社の重要な価値観を「理解（認知）」に留まらせず「共感」させることによって、従業員の高いパフォーマンスを引き出すことができるということである。本書では、そのパフォーマンスを引き出す「共感」を、いかに企業が、意図的に〝演出〟できるかが重要であると捉えている。

会社が目指す「幸せの姿」とは

従業員を巻き込んでいくことは、日本の高度経済成長を遂げた時代においても、従業員の高いモラルや勤勉性を活かしながら、重要な策として採られてきた。これまでの就社を前提とした従業員からすると、今後も働き続

［図表2-11］会社と個人の関係性の変化

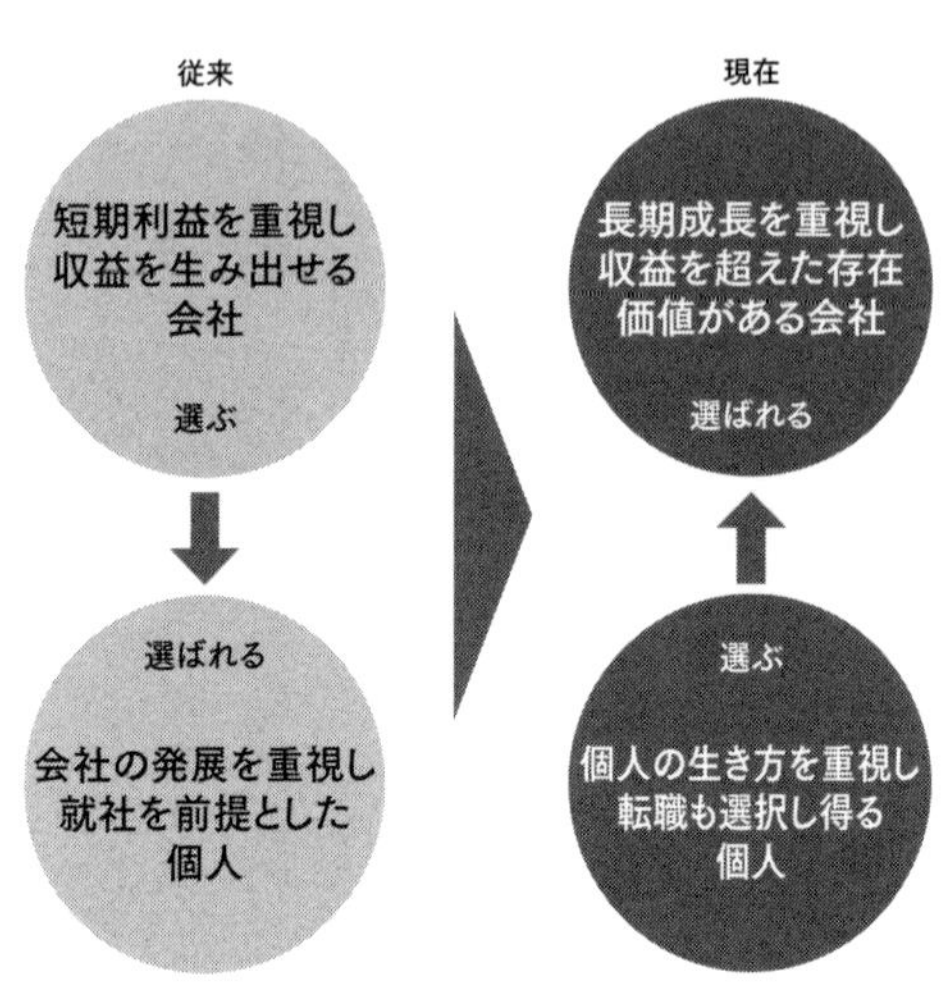

ける企業の発展を願うことは当然のことであろう。

しかし、個人から就社の概念がなくなったことにより、日本的経営において従業員との関係性には、図表２－11に示したような、大きなパラダイムシフトが訪れている。企業は個人を選ぶ側から、個人から選ばれる側に変わった。そのような現代においては、従業員視点で見た会社の魅力の重要度が増しており、個人が会社に共感するハードルは高くなっている。理念経営を重視しているB社では、新しい世代が増えている中で理念よりも個人の価値観を優先する新世代の増加を痛感しているという。

現代の巻き込みにおいては、会社の社会的意義への共感が求められる。収益を超えた価値創造（サステナビリティ経営、ＳＤＧｓなど）ができる企業こそが、今後も勝ち続けることができる企業であり、自身の自己実現のために相応しい場所であることを従業員に納得させることにつながる。だからこそ、企業の存在意義となる「目指す幸せの姿」や、未来シナリオから読み解いた「ありたい姿」を具現化させ明示することが重要となる。

日本とは異なり、もともと就社の概念がない諸外国では、会社の目指す幸せの姿への共感は常に重要視されてきた。例えばグーグルでは、「世界中の情報を整理し、世界中の人々がアクセスできて使えるようにすること」を使命にしているが、採用段階からグーグルの使命に共感できる人材であるかを確認しているほど、目指す幸せの姿への共感を重要視している。目指す幸せの姿への共感ができているため、本来の検索の意図から考えると不適格な広告表示がされていることに気付いた従業員たちは、自身の直接の業務でないにもかかわらず休日返上で作業したという。[*10] 目指す幸せの姿に共感した従業員の行動の積み重ねが、今のグーグルを作っているといえよう。

また、スターバックスでは、「The third place」というミッションを掲げている。これは、単にコーヒーを売ることではなく、人々の仕事場や家庭とは違う第三の居心地の良い場所を作りたいという社会的意義が表現されている。

繰り返しの対話を行い個人の感情を動かす

会社が大事にする目指す幸せの姿を掲げているだけでは共感を生み出すことはできない。最も重要になるのは対話である。何度も何度も繰り返し、様々なタイミング、手法、レイヤーで伝えていくことである。

対話においては、「質」ではなく「量」を大事にすべきである。米国の心理学者ロバート・ザイアンスが発表した「ザイアンス効果（単純接触効果）」によれば、「人は、同じ人やモノに接する回数が増えるほど、その対象に対して好印象を持ちやすくなる」という。[*11] 積極的な対面コミュニケーションを頻度高く行いながら、対話を深めていくことを推奨する。

オムロンでは、トップダウン・ボトムアップの両面からの様々なアプローチを行うことにより目指す幸せの姿の浸透に取り組んでいる。トップダウンの取り組みとしては、企業理念ダイアログと称して、経営者自らの言葉で語り、目指す幸せの姿に関しての従業員との対話を図っている。経営者自らが語ることはとても重要で、経営者こそ会社が大事にする目指す幸せの姿を自ら語り続けなければならない。一方で、浸透のためには、従業員自らも言葉の意味を考え、疑問を持ち、行動してみることで、その重要性を認識していく。

同社の目指す幸せの姿の体現をテーマとしたTOGA活動では、2018年ではグローバル約3万人の従業員数に対して、エントリー制の取り組みにもかかわらずのべ6万人以上が参加するに至っており、全従業員が関与している可能性があるレベルまで活動を広げられていることは目を見張るものがある。

リクルートでは、Ringという新規事業提案のイベントやFORUMというナレッジの横展開をさせる非日常的な対話に加えて、大切にする目指す幸せの姿である社会の〝不〟について、「よもやま話」で日常的に上司と部下が対話できている。こうした体験を通して共感が生まれ、そのような機会を提供してくれるリクルートという組織に所属する意義を見出し、内発的動機を強めているといえる。

全従業員の力を集結させることが会社の勝ち筋につながる

企業としての存在価値を見出し、魅力的な未来を描いていても実現しなければ意味がない。かつての日本企業であれば、一部のスター人材が引っ張り、就社を前提とした従業員たちが、会社の発展に貢献するため真面目に身を粉にして働いてくれていただろう。また、特定の個人の能力であるカリスマ性によって、カリスマ社長が人を引き付けているケースも存在しただろう。

ただし、現代においては会社経営のスタイルを問わず、全従業員を引き付け続ける必要性があると考える。会社が個人に選ばれるために、あえて共感をしかける必要性があると捉えたことが、共感〝演出〟力と表現した背景にある。

本書では、変革永続力を発揮するためのメソッドとして、7つのメソッドを紹介している。「共感演出力」については、会社が大事にすることを何度も繰り返し伝えて自分事にさせる（ダイアログ化）、やり切るタスクを明文化して誰がいつ実行するかで管理する（タスクベース化）、が特に関連の強いメソッドになる。

＊10 エリック・シュミット、ジョナサン・ローゼンバーグ、アラン・イーグル、ラリー・ペイジ（序文）、土方奈美（訳）『How Google Works』日本経済新聞出版２０１４年10月８日

＊11 Zajonc, Robert B. (1968). "Attitudinal effects of mere exposure". Journal of Personality and Social Psychology 9 (2, Pt.2): 1–27.【doi:10.1037/h0025848.】【ISSN 1939-1315.】

4 換装自在力

機動的に会社の人・組織、業務、システムを入れ替える

本節では変革永続力のクロスフォースのうち、変化をやり抜くことを高める力にあたる換装自在力について説明する。換装自在力とは、機動的に会社の人・組織、業務、システムを入れ替えやすくする力を意味する。

「換装」とは、機械などの部品を変更して付け替えることである。ＰＣを自作する人や一部のロボットアニメをご覧の方には馴染みのある言葉かもしれない。ＰＣやロボットが部品を替えることで新しいものに生まれ変わるように、企業の変革も大きな目標・戦略に沿って実際に人・業務・組織・システムといった部品が換装されることで実現される。

ただし、この換装はやろうと思えばできるというものではない。普段から運動していな

［図表2-12］クロスフォースモデル：換装自在力

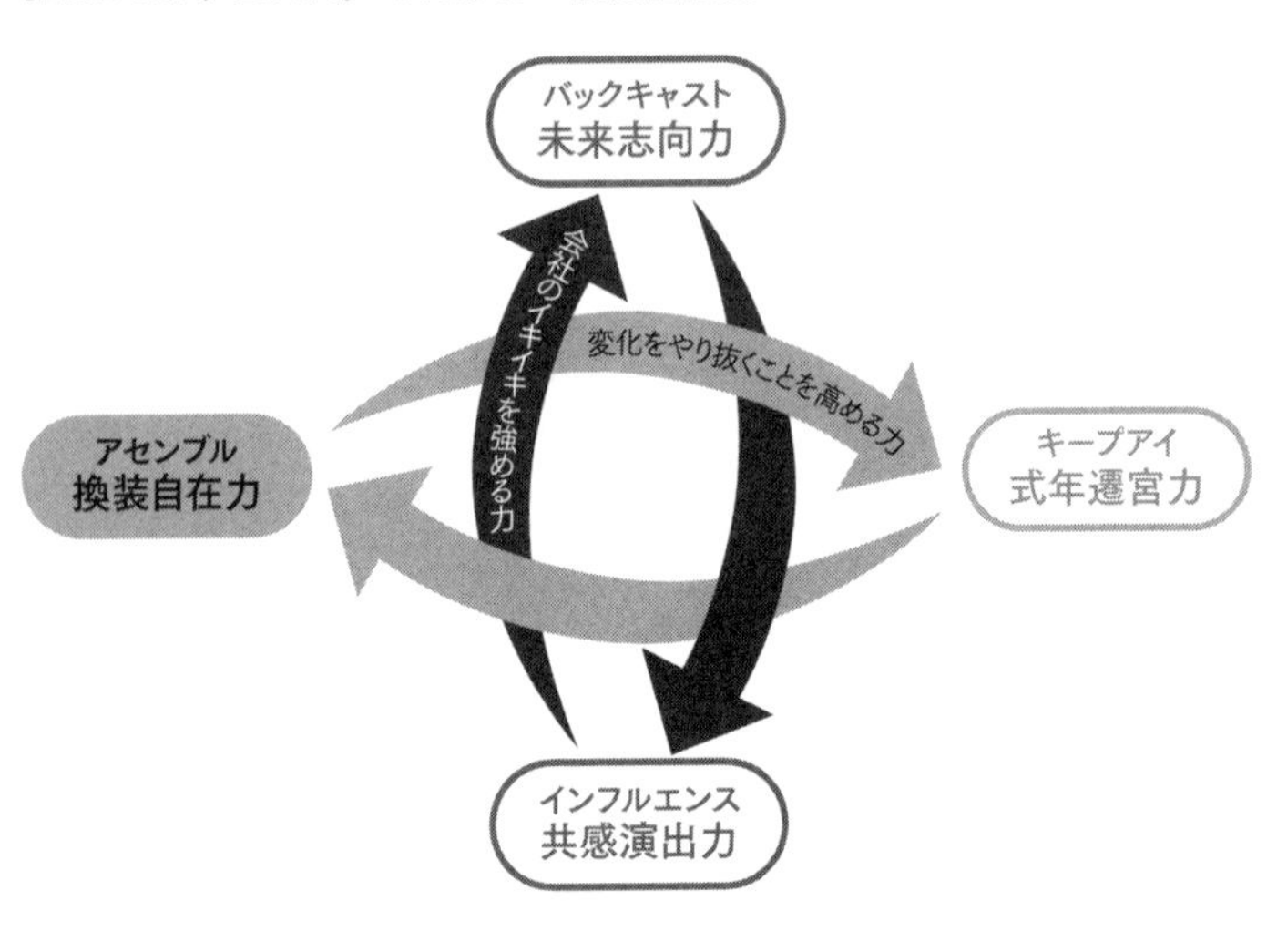

いとフルマラソンを完走できないのと同様、企業も人・業務・組織・システムといったものそれぞれについて日頃から変化の準備をしていなければ、これらを換装することはできない。すなわち、換装自在力とは企業が変革するために日々高めるべき柔軟性・基礎体力のようなものである。

本書では、変化をやり抜くことを高めるもう一つのフォースとして次節で「式年遷宮力」を定義している。本章で紹介する換装自在力が「変化をスムーズに起こす素地」となり、式年遷宮力が「変化を定期的に起こすトリガー」となる。図表2－13は、変化を回転として捉えた模式図である。

人・組織の換装は企画部門や組織のマネジメント層ほど難しい

機動的に会社の人を入れ替えやすくするというテーマで、日本が生み出した成功事例の一つとして、トヨタ生産方式の「多能工化」を思い浮かべる方もいるだろう。多能工化とは一人の社員が複数の工程を担えるようにすることである。これは、繁忙期やイレギュラー事態発生時（直近のコロナ禍の対応も含め）、社員の配置を替えることで仕事量を平準化し、環境変化に順応できる組織作りにもつながっている。

［図表2-13］換装自在力・式年遷宮力の全体像

ただし、この考え方はオペレーションの現場に限られる。今の時代に企業の変革を推し進めるには、オペレーションの現場だけでなく、企画部門や組織のマネジメント層に対しても換装自在力が求められている。

リクルートでは、企画部門や組織のマネジメント層も含め、組織に適したベストな制度・働き方・人材を設定している。大きな組織改編があったとしても、個やチームの単位が強固で、短期間での組織改編にも現場の適応が早く、業務運営や事業成長が止まることはない。

企画部門や組織のマネジメント層の換装が必要となる背景として、非常に速いスピードでの経営環境やビジネスルールの変化が挙げられる。例えば、ソフトウェア業界では、従来ほとんどの企業がソフトの売り切りで事業を行っていたが、現在では多くの企業がサブスクリプション型のビジネスモデルに移行している。マイクロソフト、IBM、Adobe といったグローバルの主要プレーヤーはものの数年でこのビジネスモデルの変革を実現してしまった。

このスピードでのビジネスモデル変革は、多能工化や社員の努力だけで実現されるものではなく、社内の主要なポストに適切な人物を外部招聘し、新しいビジネスモデルに適応できない社員はレイオフするという、まさに人の換装を伴い実現されている。

日本企業でも外部人材を登用する動きは進んできたが、一方で従来のビジネスモデルに属する従業員を、新しいビジネスモデルに適応させることは依然難しい。過去のビジネスモデルで実績を残し企業に貢献した社員をビジネスのルールが変わった後にどのように処遇するかというのが、日本企業が人の換装自在力を高めるための最大の課題だと考えている。

このような課題に対する一つの解決策として、組織のあり方そのものを見直すことが考えられる。例えば、近年注目が高まっているティール組織のような次世代型の組織では、階層構造を持たないフラットな組織であることを志向している。このような組織では、各人が自分のやるべきことを考え、セルフマネジメントすることが求められる。そのため、異動や入社・退職などの人の換装が、自身の意思やチーム間の調整によって、自然発生的になされることが期待されている。

ティール組織ほど突き抜けたコンセプトの組織ではなくても、平社員―係長―課長補佐―課長―担当部長―部長……といった積み上がりすぎた階層構造を減らすだけでも、人の換装に関する選択肢を広げることが期待できる。このように、〝人〟に関する換装自在力を高めるためには、組織の構造・あり方について見直してみることも重要である。

業務の換装の肝は部門の壁・属人化にどう向き合うか

変革という言葉で最もイメージされるのは、業務改革だろう。これは業務の換装である。NRIでもこれまで多くの業務改革を支援してきたが、支援の中で必ず直面するのが、変化を拒む抵抗勢力の壁である。どのような企業にも一定の割合で、従来のやり方を変えたくない保守的な抵抗勢力が存在する。そのような人は業務の現場だけでなく、チームのリーダーはたまた事業部長といったマネジメント層にも存在する。

このような抵抗勢力に対し、業務や部門の変革を継続しやすい環境を作るための下地作りとして、部門の業務分掌の明確化や、属人化した業務をなくすための業務の標準化といった活動が必要となる。

ただし、これらの換装自在力を高めるための活動は、現場主導では進めづらいことには注意が必要である。なぜなら、人や部門が属人化・ブラックボックス化した業務を担っている状態というのは、その人や部門が会社にとって〝代えがたい〟存在になっているということであり、業務を担う側はそのような状態を維持した方が自身の会社内でのプレゼンスが高まりやすいと感じてしまう構造があるためである。このように、会社内での生存戦略として属人化・ブラックボックス化状態があえて維持されることで、換装自在力が損なわれているケースは特に大企業に多く見られがちである。

これらのことからもわかるように、NRIは業務の換装自在力を高める活動は現場頼りにするのではなく、マネジメントが主導・設計すべきだと考えている。個人や組織が属人化・ブラックボックス化の誘惑に負けず、標準化を進めるような動機を持てる活動や社内制度を設計し運用することが重要である。

オムロンでは、ROIC経営によって、業務の換装を行いやすい土壌を作っている。

ＲＯＩＣ経営においては、ＲＯＩＣ逆ツリー展開（ＲＯＩＣを分解したもの）を経営から現場までがそれぞれの層で意識すべきＫＰＩとして共有している。これにより、部署や階層によらず、ＲＯＩＣをベースとした共通の尺度を使って業務の換装を検討・評価することが可能になっている。

ＸａａＳでシステムの換装自在力を高める

変化の少ない経営環境で安定した事業を行っている大企業ほど、換装自在力は育ちづらい。

ＮＲＩが様々な業界の企業を支援する中で、レガシーといえるシステムを利用し続けている日本企業を目にする機会はいまだに多い。そのような企業にとっては、まずはレガシーの解体がシステムの換装自在力を高める際の課題である。レガシーの解体は一朝一夕にはいかず、数年がかりの活動となる。その際には、第3章で紹介するＩＴロードマップを活用し、中長期の見通しを描いた上で換装しやすいシステムに徐々に移行していくことが必要となってくる。

換装しやすいシステムにするにあたり、近年では当たり前になったＳａａＳ（Software as a Service）、ＰａａＳ（Platform as a Service）などのクラウド型サービスを利用するのは有効なアプローチである。クラウド型サービスは昔ながらのＳＩ開発に比べ導入時の投資が抑えられるため、システムの利用開始や乗り換えについて経済的合理性の観点での判断がしやすい。

一方で、ＮＲＩが企業を支援する中で、クラウド型サービスが普及したことでの弊害も見えてきている。クラウド型サービスは導入が容易であるため、一部のユーザー部門が勝手に導入したり、社内で似たような複数のサービスが導入されたりという状況がしばしば発生している。これは、換装しやすいシステムに移行しているというよりも、会社としてシステム投資のコントロールを失っている状態である。

システムの換装には、本来ビジネス戦略・ＩＴ戦略との整合性が求められる。そのため、クラウド型サービスを活用しながら自社システムの換装自在力を高めるというのは経営の役割であり、今後の経営陣には自社の戦略・システムだけでなく、世の中の主要なシステム・サービスやＩＴの潮流を把握し、意思決定を行うことが求められる。

換装自在力を高めることでより早く・大きな変化を起こす

換装自在力を高める取り組みは、企業の柔軟性・基礎体力を高めるものであり、その対象が業務であれシステムであれ、目先の業績改善につながるわけではないことが多い。そのため、多くの企業で換装自在力を高める取り組みは後回しにされがちである。

しかし、いざ変化を志した際や、急に変化を迫られた際、換装自在力の高低によって、企業が起こすことのできる変化の早さや大きさが異なってくる。

例えば、COVID-19感染拡大のため多くの企業は社員の出勤を減らしたテレワークに移行することを余儀なくされたが、この予期しない変化に対しても換装自在力の高低によって企業で明暗が分かれた。業務やシステムの換装自在力の高い企業は早急に完全テレワークに切り替え2〜3週間で新しい働き方が定着したが、換装自在力の低い企業は形だけテレワークとして、実際は在宅の社員ができることはほとんどなく、開店休業状態になってしまった企業も多い。

このように、換装自在力を高めることは、目先の業績改善につながるように見えなくとも、その企業が起こせる変化の早さや大きさを向上させるために重要であり、長い目で見ると企業の業績の改善にも寄与するものである。

本書では、変革永続力を発揮するためのメソッドとして、7つのメソッドを紹介している。「換装自在力」については、会社の仕組みを入れ替えやすい形にすること（モジュール化）、やり切るタスクを明文化してタスクを誰がいつ実行するかで管理すること（タスクベース化）が特に関連の強いメソッドになる。

5 式年遷宮力

定期的に変化に向き合い変化に取り組む

本節では変革永続力のクロスフォースのうち、変化をやり抜くことを高める力にあたる式年遷宮力について説明する。式年遷宮力とは、トップから現場まで貪欲に、定期的・網羅的に気付く仕組みを持つことで、絶えず変化に取り組むことができる力を意味する。

「式年遷宮」とはその名の通り、神宮で行われる定期的な遷宮を意味しており、伊勢神宮の式年遷宮が有名である。伊勢神宮では原則20年ごとに全ての社殿を作り変えており、長い歴史の間に中断はあったものの、約1300年の年月においても絶えず繰り返されてきた。

一見、企業経営と関係がないと思える式年遷宮であるが、式年遷宮において着目すべき

[図表2-14] クロスフォースモデル：式年遷宮力

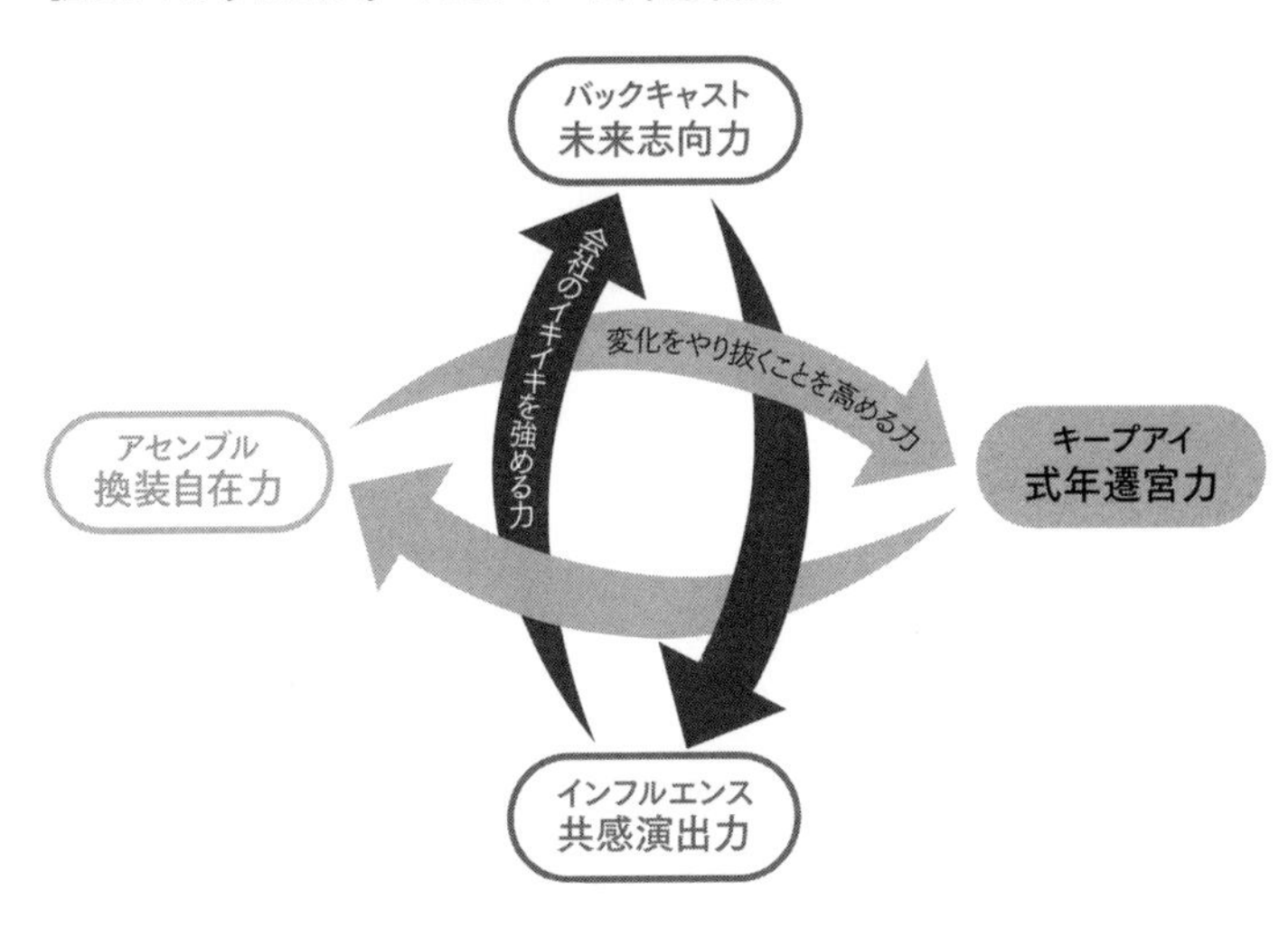

は、社殿内を飾り立てる奉飾品や服飾、武具や楽器などの調度品も一新されることで、伝統を受け継ぎ残してきた点にある。必ず定期的に変化を起こしながら、変えてはいけない・忘れてはいけないものを残している。１３００年もの間、変化を起こし続けてきた伊勢神宮は、変化を定期的に繰り返すことで、たとえ携わる人が変わっても、変えてはいけないものを残してきた。企業が長く生き残る上で、時々の個人の意思や判断に依存せず、変えてはいけないものを残しながらも変化に向き合う仕組みを、式年遷宮からは学ぶことができる。

本書では、変化をやり抜くことを高めるフォースとして、前節で「換装自在力」を紹介した。換装自在力とは「変化をスムーズに起こす素地」である。そして、式年遷宮力とは「変化を定期的に起こすトリガー」である。図表2－13は、変化を回転として捉えた模式図である。定期的に変化のトリガーを引き続ける仕組みを持つ力が、式年遷宮力である。

「変化こそ仕事」と捉える

企業経営は長い時間をかけて行われるものであり、企業に携わる人の移り変わりは避けては通れない。人によって時世によって、一時は大きな変化が必要と考える人もいれば、一時は変化不要と考える人も出てくる。生まれたばかりのベンチャー企業であれば、日々変化することを望む人は多いかもしれないが、大企業になればなるほど機能分化が進んで組織全体を巻き込む大きな変化を望む人は減る可能性が高い。企業は成長し大きくなるほどに、変化しなくなる方向に寄ってしまう。変化を意図的に生み出す仕組みを持とうとしない限り、変化はどんどん起こりにくくなる。変化を繰り返す仕組みを備えていれば、何度でも変化でき、長い目で生き残ることができる。

式年遷宮力を備えるのは、「役員から現場まであらゆる階層で」「変わらないといけない／変えないとまずい／変えないなら厳しく指摘する」というような、変化することを当然と捉えさせる制度・仕組みである。

会社に式年遷宮力が備わっているかと問われた際に、「私の会社では変化することはよいことだと評価され、従業員に変化を促す制度も多く存在する」と考える方もいるはずだ。例えば、評価制度で「チャレンジ精神を持って業務を変える」ことを評価項目にする、といった仕組みが挙げられる。

しかし、変化させることを加点的に捉えていないだろうか。例えば普段の業務遂行ができているかを主たる評価軸として、変化に加点する、といった方式である。実は、変化を加点的な要素と捉えると、難しい変化から目を逸らしやすくなってしまう。変化させることを当然と捉え、定期的に変化に向き合い、絶えず変化に取り組む制度・仕組みを会社に組み込む必要がある。多くの日本企業では、変化に対して目を逸らそうと思えば、逸らすことができてしまう。変化こそ仕事だと捉え、簡単な変化から難しい変化まで、目を逸らさず向き合うように仕組みを整える必要がある。

簡単な変化だけに取り組めばよいと考えている会社は、現状維持する方向に意識が向いている場合が多い。そのような会社は、前例踏襲的な考え方が強くなり、現状維持することさえかなわなくなる。会社を成長させる方向に意識を向けて難しい変化を実現できて初めて、現状を維持できる。

C社では、役員評価において、変化させなかったことを最も悪い評価としている。社長の意思である「仕事とは変えることである」という考えのもと、前例踏襲・例年通りといった、一般的には最も是認されやすい意思決定を悪いものと捉えるような評価体系としている。役員交代も頻繁に起こり、マネジメント層の変化を定期的に起こしている。役員層やマネジメント層ほど変化が少ない企業も多いかもしれないが、変革し続ける組織であるためには、役員層やマネジメント層ほど、変化を好んでいなければならない。絶えず今のままでよいか、昨年変化させたこともそのままでよいか自問自答し、変化を促していく必要がある。

意思決定と実行を併走させよう

変化することを当然と捉える制度・仕組みとは、例えば、組織は3年に1度組み替える、基盤システムは10年に1度刷新する、人事制度は5年ごとに見直す、という、定期的なタイミング設定をする仕組みが挙げられる。

これは5年に1度、大改革プロジェクトをすべき、ということではない。定期的に変化させることを当然と捉え、常に意思決定と実行が走っている状態にするということだ。変化させないことはよくないことであると、従業員が捉える制度・仕組みにする。変化こそが当然であり、むしろ仕事とは変えることそのものである、という意識や風土文化まで企業に根付くような仕組みを備えていれば、高い「式年遷宮力」が備わった状態だといえる。

オムロンでは、長期ビジョンの策定単位を10年にすることが重要と考えている。これはグループ全体の方向性、つまり経営のベクトルを定め、ずれることがないようにするためであった。

日々の変化では変革し切れない難しいものについては、アイデアや考えをストックし、定期的に議論の場を設定する。そして必要なときに確実に意思決定や実行がなされるようにする必要がある。5年に1度は人事制度を変えるという定期性を設定したとしても、5年に1度の大改革のときだけに変化について考えるのではなく、5年をかけて常に変化が必要かはウォッチし、必要な変化の種をストックし続ける。

具体的には「アジェンダ化」にて紹介するが、論点を定期的に経営会議の議題として挙げ、必要に応じて意思決定し実行に移す考え方が必要である。日々の小さな変化サイクルを回しながら、大きな変革にするサイクルを回すことが、「式年遷宮力」を保有した状態である。

リクルートでは、数年単位で大きな組織再編を行っている。変化を自らの強さと考えるリクルートでは、組織をトリガーとして会社内に変化を起こしている。組織は振り子と言われるが、固定的に必ず正しい組織というものは存在しない。組織は定期的に変えてこそ、従業員にバランスのよい考え方が備わる。2012年にホールディングス制導入・分社化、2018年にグループ再編と大規模組織再編を短期間で実行することで変革を促している。ホールディングス制を皮切りに、権限委譲による意思決定の迅速化やガバナンス体制整備を進めており、企業として変化し続けなければならない点を従業員に伝えている。

D社では、「マネジメント層の活発な人事異動」が定期的な変化のトリガーになっている。定期的な異動により、在任期間中に何か変化させる、何かを変えないとまずい、変化しなければならない、という感覚がマネジメント層に根付いている。変化を繰り返せば、何度も評価・再検討がかかるため、一時、時世や状況に合わない変化になってしまったとしても、結果的に正しく前に進んでいられる。前任者活動の評価・再検討の繰り返しが短サイクルで起こっているのである。

社内のあらゆる階層に変化を波及させる

式年遷宮力を備えているのは、会社に定期的な変化のトリガーを仕込み、あらゆる階層に変化を波及させる制度・仕組みである。定期的なトリガーは役員層・マネジメント層といった方針設定ができる立場に仕込むことであらゆる階層に変化を波及させる。

人や組織を定期的に変更してトリガーを仕込む経営資源への仕込み、ミッションや業務を定期的に変更することによる仕込み、といった方法が考えられる。

本書では、変革永続力を発揮するためのメソッドとして、7つのメソッドを紹介している。「式年遷宮力」については、会社内のあらゆる階層で変化の種に気付き（気付き化）、全員が方向性を同じくして（ロードマップ化）、場を持ち議論の俎上に載せ（アジェンダ化）、実施主体と期限を定めてタスク意識で変化を実行する（タスクベース化）、が特に関連の強いメソッドになる。

第 3 章

変革永続力のメソッド

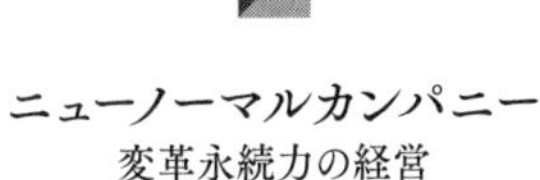

1

クロスフォースモデルを実務に落とし込む

企業を変革するための「しかけ」作り

ここまで、クロスフォースモデルとその有用性について解説してきた。しかし、それが会社の仕組みの中に落とし込まなければ、絵に描いた餅となる。ＮＲＩは実務に落とし込んでいくためには7つのメソッドが必要であると提唱している。それは、次に挙げる7つである。

①未来年表化：外部環境の未来を把握して状況に応じて更新する
②気付き化：経営トップから現場まで定期的・網羅的に気付く仕組みを持つ
③ロードマップ化：内部の戦略や計画を道筋として把握できるようにする

④アジェンダ化：難しい課題も目を逸らさず考える場を持つ
⑤タスクベース化：やり切るタスクを明文化して誰がいつ実行するかで管理する
⑥モジュール化：会社の仕組み・人材・業務・システムを入れ替えやすい形にする
⑦ダイアログ化：会社が大事にすることを何度も繰り返し伝えて自分事にさせる

これら7つのメソッドは、自社の置かれた状況において濃淡はあるだろうが、できれば一つも欠けることなく整備していくことが大切である。図表3－1に、7つのメソッドとクロスフォースモデルの関係を示した。それが示す通りに、7つのメソッドはクロスフォースのうちどの力を具現化するかが異なる。

未来志向力を高めるためには、「①未来年表化」による自社に関わる未来の理解と、その中での自社の進み方を示す「③ロードマップ化」が必須となる。

共感演出力を高めるためには、社員を揺動するために様々な仕掛けをする「⑦ダイアログ化」が必要となってくる。そして、共感演出を実行すべきタスクを明示的に示す「⑤タスクベース化」も重要だ。

式年遷宮力を高めるためには、会社の課題や必要な取り組みに対する日常的な「②気付き化」が適切になされていなければならない。また、将来にわたり、どのタイミングで仕

［図表3-1］クロスフォースと7つのメソッド

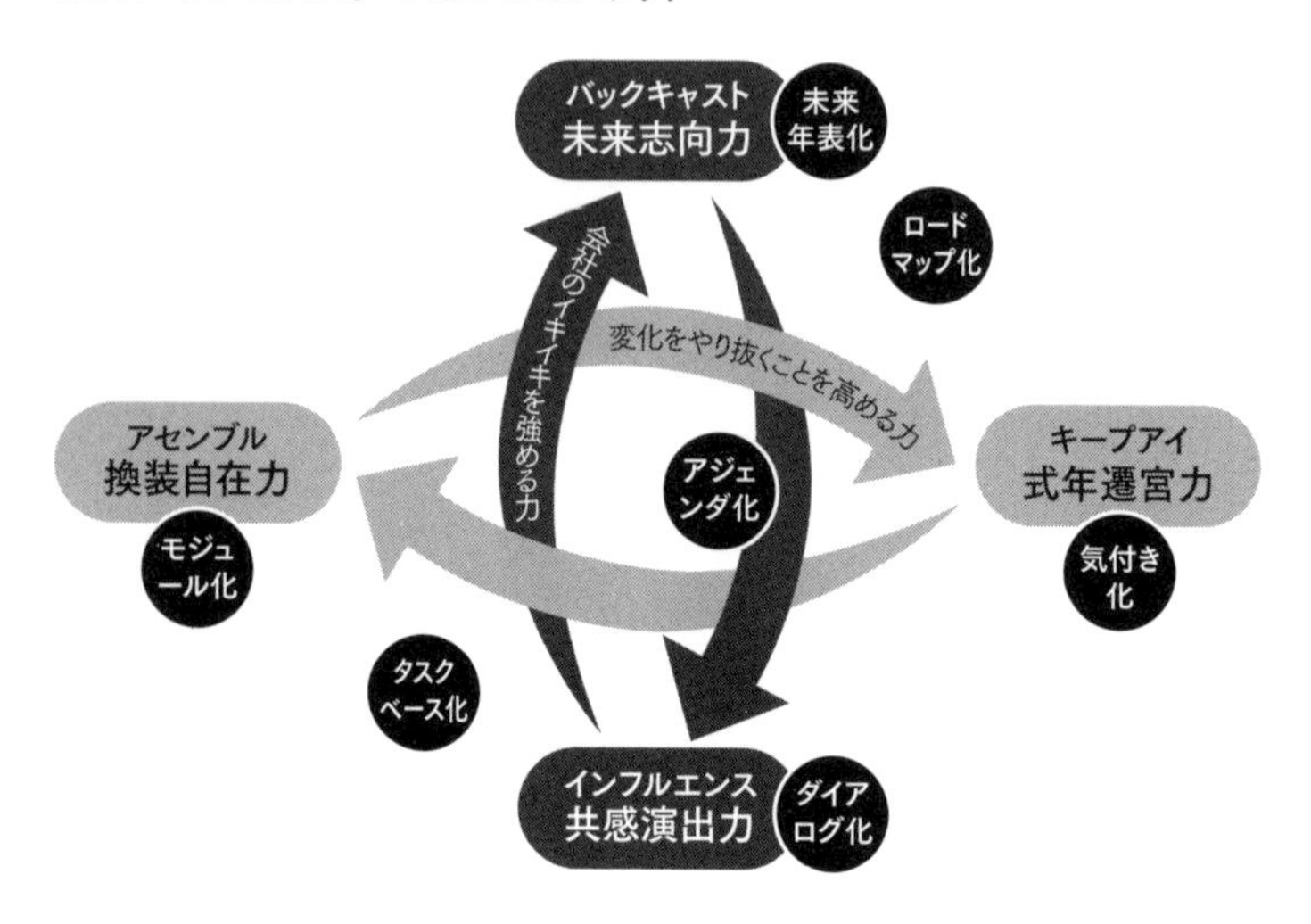

組み・制度を変えていくのかを示す「③ロードマップ化」が必要になる。さらに、式年遷宮を確実に実行するための「⑤タスクベース化」も忘れてはいけない。

換装自在力を高めるためには、「⑥モジュール化」によって会社の仕組みのそれぞれがパッケージ化・モジュール化された構造になっている必要がある。

さらに、クロスフォースを実現させるためのメソッドを適切に運用するために、社内のリソースも加味した「⑤タスクベース化」が必要になる。

最後に、これらが滞りなく回っているのかを管理し、スタックしている場合にどのように対処するのかを協議し、意思決定するための「④アジェンダ化」も大

[図表3-2] 7つのメソッドと本書で紹介するツール

メソッド	ツール	概要	主管部署
未来年表化	PESDIG	抜け漏れがないようにマクロトレンドを広く摑むもの	経営企画部
	未来シナリオ表	一般的なマクロトレンドを自分事化し、複数の未来シナリオを検討するもの	経営企画部
	メインシナリオ／サブシナリオ	様々な可能性がある未来シナリオに優先順位をつけるもの	経営企画部
気付き化	事業ポートフォリオ管理	日常の事業活動では得にくい「気付き」を得るツールを備えるもの	経営企画部
	VOC（Voice Of Customer）	「気付き」の源を集約・分析し、様々な部署で活用するもの	DX部・マーケティング部
ロードマップ化	長期ビジョン	長期ビジョンで、有限な時間軸の未来シナリオにおけるありたい姿を明確にするもの	経営企画部
	ITロードマップ	スピード感を持って全体最適のIT機能を拡充させるもの	情報システム部
アジェンダ化	車座	経営層が参加する少人数の会議を実施するもの	経営企画部
	ミドルリーダー会議	部門横断でミドルリーダーが集う会議を実施するもの	テーマに応じる
タスクベース化	デジタルツールの活用	タスク管理とコミュニケーションを効率化するもの	情報システム部
	ナレッジ共有化	デジタルツール上に日々のナレッジを共有する場を設定するもの	情報システム部
モジュール化	持株会社化・子会社設立	会社の単位を適切に設定、意思決定・変化のスピードを上げるもの	取締役会・CSOなど
	スキル要件表・人材マップ	ポジションごとに求められるスキルを定義した上で人員を配置・交換するもの	人事部
	業務フロー作成キット	業務フローの作成方法を統一し、現場での業務のモジュール化を推進するもの	業務企画部・業務管理部
ダイアログ化	パネルディスカッション	経営トップと社員の直接的な対話を創出するもの	広報部・変革チーム
	ワールドカフェ	従業員の自由な意見を引き出し、自分事化させる	各事業部・変革チーム
	体験談の伝達	直属の上司部下関係において会社の価値観に関する対話の場を設けるもの	各事業部・変革チーム

切なメソッドになる。

次項より、これらのメソッドの意図及び実務に落とすための具体的なツール類及びそのツールの使い方、さらには活用にあたっての留意点について解説していく。図表3－2に、各メソッドに必要となるツールと各ツールを作成・管理していく想定主管部署の一覧を示しておく。

2　7つのメソッド

①未来年表化　外部環境の未来を把握する

自社にとって重要な要素を見つけ出し、時間軸を整理する

未来志向力において、目標となる未来を起点に現在を振り返り、現在取り組むべきこと

［図表3-3］7つのメソッド：①未来年表化

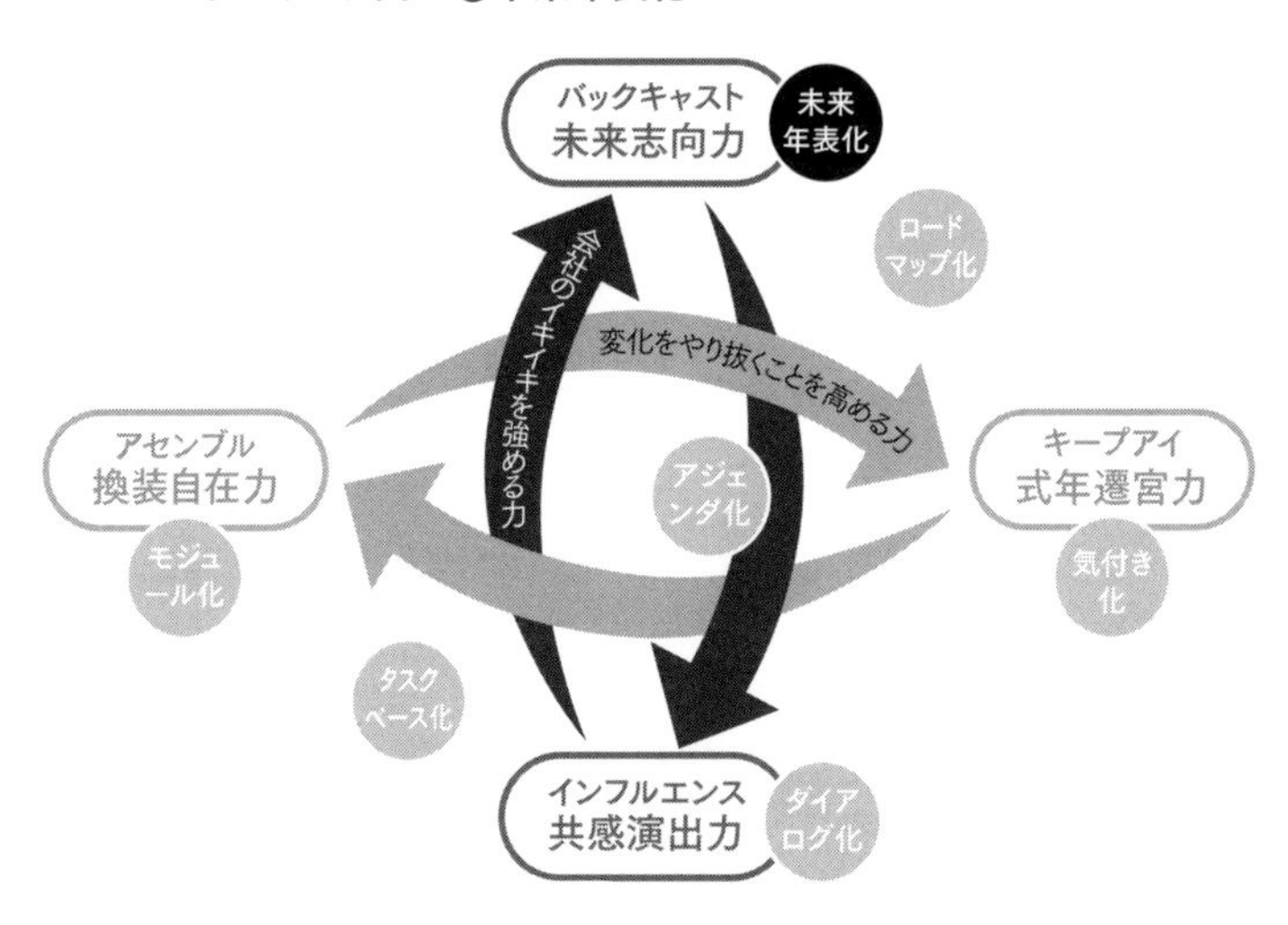

を考えるバックキャスト思考が重要だと述べたが、日々の事業活動を行う上ではどうしてもフォアキャスト思考になりがちである。

バックキャスト思考であり続けるための要件は、複数の未来シナリオをシミュレーションし、既存事業にとらわれない検討を行うことだ。未来年表化は、振り切った未来シナリオを検討する上で役に立つメソッドである。

未来年表化とは、未来における変化や社会の状態を広く予測し、その中で自分事として捉えるべき要素を抽出し、振り切った未来シナリオを検討し、自社として対応する課題の優先順位を設定することである。

［図表3-4］未来年表化のSTEPと具体ツール

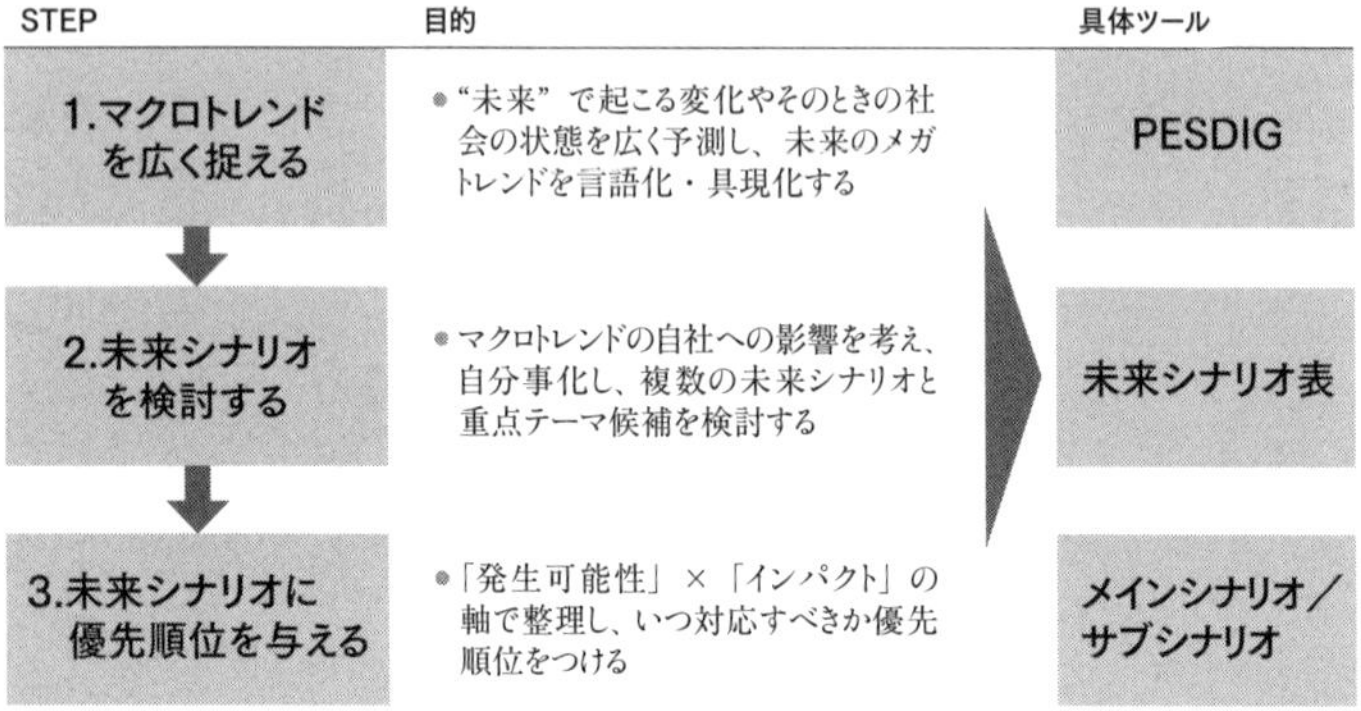

STEP	目的	具体ツール
1.マクロトレンドを広く捉える	●“未来”で起こる変化やそのときの社会の状態を広く予測し、未来のメガトレンドを言語化・具現化する	PESDIG
2.未来シナリオを検討する	●マクロトレンドの自社への影響を考え、自分事化し、複数の未来シナリオと重点テーマ候補を検討する	未来シナリオ表
3.未来シナリオに優先順位を与える	●「発生可能性」×「インパクト」の軸で整理し、いつ対応すべきか優先順位をつける	メインシナリオ／サブシナリオ

未来年表化には図表3－4に示す3つのSTEPがある。未来で起こる変化やその未来の時点の社会の状態をマクロトレンドとして言語化・具現化する（STEP1）。そして、マクロトレンドの自社への影響を考え、自分事化し、複数の未来シナリオと重点テーマ候補を検討する（STEP2）。未来シナリオを「発生可能性」×「インパクト」の軸で整理し、いつ対応すべきか優先順位をつける（STEP3）、というSTEPである。

未来年表化に役立つ具体ツールを、3ツール紹介する。1つ目はマクロトレンドを広く捉えるための「PESDIG」。2つ目はマクロトレンドを自分事化し、複数の未来シナリオを検討するための「未来シナリオ表」。そして、未来シナリオに優先順位を与える「メインシナリオ／サブシナリオ」である。

抜け漏れがないようにマクロトレンドを広く掴む
具体ツール1：ＰＥＳＤＩＧ／想定主管部署：経営企画部

１つ目のツールとして、未来で起こる変化やそのときの社会の状態を広く予測し、未来のメガトレンドを言語化・具現化するＰＥＳＤＩＧについて紹介する。ＰＥＳＤＩＧとは、Politics（政治）・Economy（経済）・Social（社会）・Demographics（人口動態）・Innovation（技術）・Geoenvironment（地球環境）の頭文字を取ったもので、未来に起こり得る事項をマクロで捉えることに役立つツールである。

外部環境を分析するツールとして、米国の経営学者であるフィリップ・コトラー氏が提唱したＰＥＳＴ分析が有名である。ＰＥＳＴ分析はPolitics・Economics・Society・Technologyの頭文字を取ったもので、企業や事業を取り巻くマクロ環境を分析するためのツールである。ＰＥＳＤＩＧは、コトラー氏のＰＥＳＴ分析の視点に人口（Ｄ）・地球環境（Ｇ）の視点を追加したものである。

経済活動に欠かせない人口動態を掴むことは、非常に重要である。日本をはじめとする一部の国では人口減少社会に突入しているものの、２０５０年の世界全体を見渡せば人口は拡大すると予想されている。この人口動態トレンドの捉え方は企業・事業により異な

［図表3-5］PESDIG

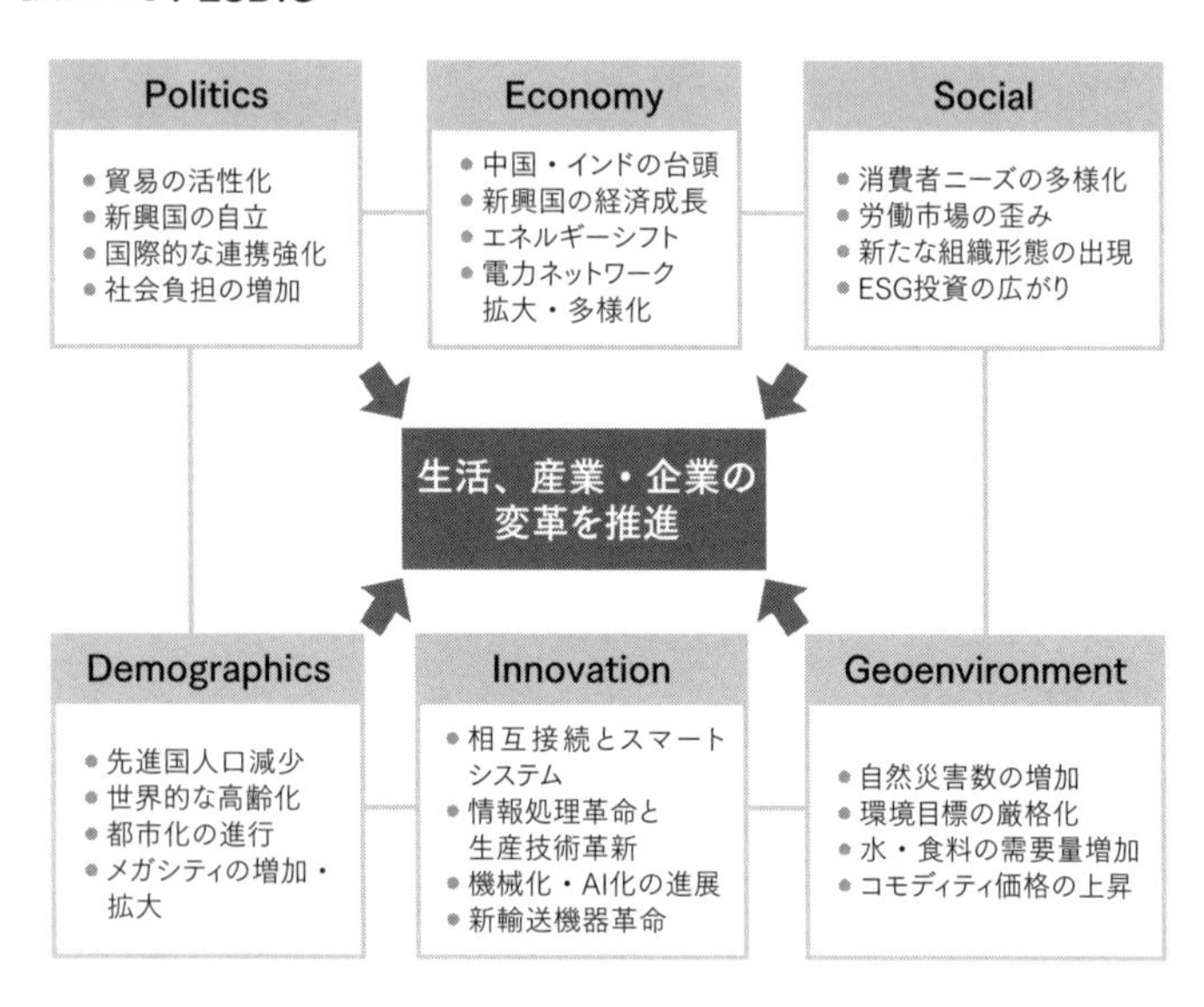

るが、重要な視点であったため、人口動態（D）を追加している。

また、近年になり地球環境に注目が高まっている。環境保護やエネルギー資源確保が大きく取り上げられ、企業活動を推進していく上でもSDGsへの対応や、持続可能な取り組みが必須となってきている。地球上にあるリソースは現在までの経済活動拡大に大きく寄与してきたが、地球環境保護が注目されている中で、これまで当たり前のように確保できていたリソースについても制約がかかることになる。もちろん制約だけでなく、新たなビジネスのチャンスにもなり得るため、この新たな地球環境（G）の視点も未来を捉える際に欠かせない。

PESDIGはマクロトレンドとして何が起こり得るかの要素を大まかに掴むことが目的であるため、全ての要素において詳細な分析を行う必要はない。

STEP2において自社へ影響がある要素を検討していくが、そのために抜け漏れがないようにマクロトレンドを広く捉えることが重要である。世の中には未来を予想している団体・機関が数多（あまた）存在するため、その情報を用いてPESDIG観点で整理していくことも可能であろう。NRIにおいても毎年、NRI未来年表を作成し、未来に起こり得るマクロトレンドをまとめているので、HPなどを参照いただきたい。

一般的なマクロトレンドを自分事化し、複数の未来シナリオを検討する
具体ツール2：未来シナリオ表／想定主管部署：経営企画部

PESDIGによってマクロトレンドを広く掴むことができたら、自社における影響を考え自分事化し、複数の未来シナリオとそのシナリオにおける重点テーマ候補を検討する。このSTEPが、未来年表化の肝であり非常に難しいSTEPでもある。

「自分事化する」というのは、マクロトレンドの自社への影響を考え、影響要素を取捨選択していくことである。数多あるマクロトレンド要素の全てを網羅的に整理しただけでは、

未来の社会の状態も、その中で自社が進んでいくべき方向性も漠然としか捉えられない。そのため、自社に影響を与えるマクロトレンド要素を絞り込むことが重要である。

次に、絞り込んだマクロトレンド要素において、未来シナリオを描いていく。ここでは、既存事業や既存の前提条件にとらわれない未来シナリオを検討する必要がある。一般的に起こり得るシナリオに加えて、あえて起こらないと思えるシナリオまで思考を振り切り、複数のシナリオを考えることが重要である。

未来シナリオを検討していくと同時に、その未来シナリオにおいて今後検討が必要となる課題を「重点テーマ候補」としてまとめておく。この重点テーマ候補は、メソッド③ロードマップ化で長期ビジョンを検討していく際の「重点テーマ」の候補となるものである。


ツールとして未来シナリオ表を図表3－6に示している。このツールではマクロトレンドのうち、自社への影響が大きいと思われる自分事化マクロ要素を絞り込み、その要素がどのような未来シナリオを取り得るか大きく振り切って検討し、その未来シナリオにおける重点課題をまとめるためのツールである。

図表3－6は、X業界における使用例を示している。マクロトレンドの「先進国人口減少」を自分事化すると「高齢化・人口減少する日本において、女性・高齢者・外国人の活

［図表3-6］ **未来シナリオ表**

PESDIG		マクロトレンド	自分事化マクロ要素	未来シナリオ	重点テーマ候補
P	政治	貿易の活性化 新興国の自立 国際的な連携強化 社会負担の増加	・日本の財政破綻リスクはあるか？	…	・現在の事業ポートフォリオで十分か？
E	経済	中国・インドの台頭 新興国の経済成長 エネルギーシフト 電力ネットワークの拡大・多様化	・20XX年に経済圏の中心はどのエリアになるか？	…	・有望な海外進出エリアはどこか？
S	社会	消費者ニーズの多様化 労働市場の歪み 新たな組織形態の出現 ESG投資の広がり	・価値観の変化はX業界の需要にどう影響を及ぼすか？ ・X業界の市場規模はどうなるか？	…	・市場規模縮小にどう対応するか？ ・主力商品YYYに今後も投資すべきか？
D	人口動態	先進国人口減少 世界的な高齢化 都市化の進行 メガシティの増加・拡大	・高齢化・人口減少する日本において、女性・高齢者・外国人の活用、ロボットによる生産性向上などの影響を踏まえてX業界の労働力はどうなるか？	【未来シナリオ①】 日本の人口減少が進み、労働力は減少する。ロボットが仕事の半分以上を代替し、重労働は必要でなくなる。また女性・高齢者・外国人活用が加速度的に進み、X業界の労働力は確保できる。人口減少により市場規模も縮小するため、需要と供給は釣り合う。 【未来シナリオ②】 日本の人口減少が進み、労働力も減少する。ロボットへの代替は進むものの、X業界においてはいまだ重労働が必要な状態である。女性・高齢者・外国人活用は進むが、全世界・全業界で労働力が不足する中で他業界と比較し、X業界からは人離れが止まらない。需要に対して供給が大きく不足する。	・必要となる生産性向上のスピードはどの程度か？ ・積極的な中途採用など、雇用方針をどうするか？
I	技術	相互接続とスマートシステム 情報処理革命と生産技術革新 機械化・AI化の進展 新輸送機器革命	・技術の進歩によりZZZはどのような形に変化するか？	…	・X業界において領域拡大余地はどこにあるか？
G	地球環境	自然災害数の増加 環境目標の厳格化 水・食料の需要量増加 コモディティ価格の上昇	・大地震により首都機能は壊滅するか？ ・エネルギーシフトはどこまで進むのか？	…	・現在の意思決定体制で十分か？ ・どの環境問題が自社の新規ビジネスになるか？

用、ロボットによる生産性向上などの影響を踏まえてX業界の労働力はどうなるか？」と捉えることができる。X業界においては特に労働者の高齢化が進んでおり、さらに若者の就職離れが進んでいるため、労働力不足が今後加速するのではないかという懸念から、この自分事化マクロ要素が設定されている。

自分事化マクロ要素を設定したら各要素の検討を深めていき、未来シナリオを検討する。X業界においては、ロボット技術発展の可能性次第でシナリオが変わるだろうと考え、未来シナリオを2つ設定している。ここでのポイントは、起こらないと思えるシナリオもあえて検討することである。未来シナリオは、下記の2つである。

未来シナリオ①：日本の人口減少が進み、労働力は減少する。ロボットが仕事の半分以上を代替し、重労働は必要でなくなる。また女性・高齢者・外国人活用が加速度的に進み、X業界の労働力は確保できる。人口減少により市場規模も縮小するため、需要と供給は釣り合う。

未来シナリオ②：日本の人口減少が進み、労働力は減少する。ロボットへの代替は進むものの、X業界においてはいまだ重労働が必要な状態である。女性・高齢者・外国人活用は進むが、全世界・全業界で労働力が不足する中で他業界と比較し、X業界からは人離れが止まらない。需要に対して供給が大きく不足する。

この未来シナリオに応じて、「今後の生産性向上はどの程度必要か」「積極的な中途採用や海外人材採用など雇用方針の検討が必要か」、などが今後検討をしていく重点テーマ候補として挙げられる。

このように、広く捉えたマクロトレンドから自分事化マクロ要素を決め、複数の未来シナリオに落とし重点テーマ候補をまとめていったが、全ての未来シナリオに対して重点テーマ候補を詳細に書き出す必要はない。重点テーマ候補を深掘りしていく未来シナリオについては、具体ツール3で優先順位をつけていくため、ここでは思考を大きく振って複数の未来シナリオを検討することがポイントである。

様々な可能性がある未来シナリオに優先順位をつける
具体ツール3：メインシナリオ・サブシナリオ／想定主管部署：経営企画部

具体ツール2で取り上げた全ての未来シナリオに対して、重点テーマ候補を導き出すには膨大な作業が必要である。そこで、未来シナリオに優先順位をつける具体ツールが「メインシナリオ／サブシナリオ」である。

未来シナリオ表で検討した未来シナリオを、「発生可能性」×「インパクト」により4

［図表3-7］メインシナリオ／サブシナリオの考え方

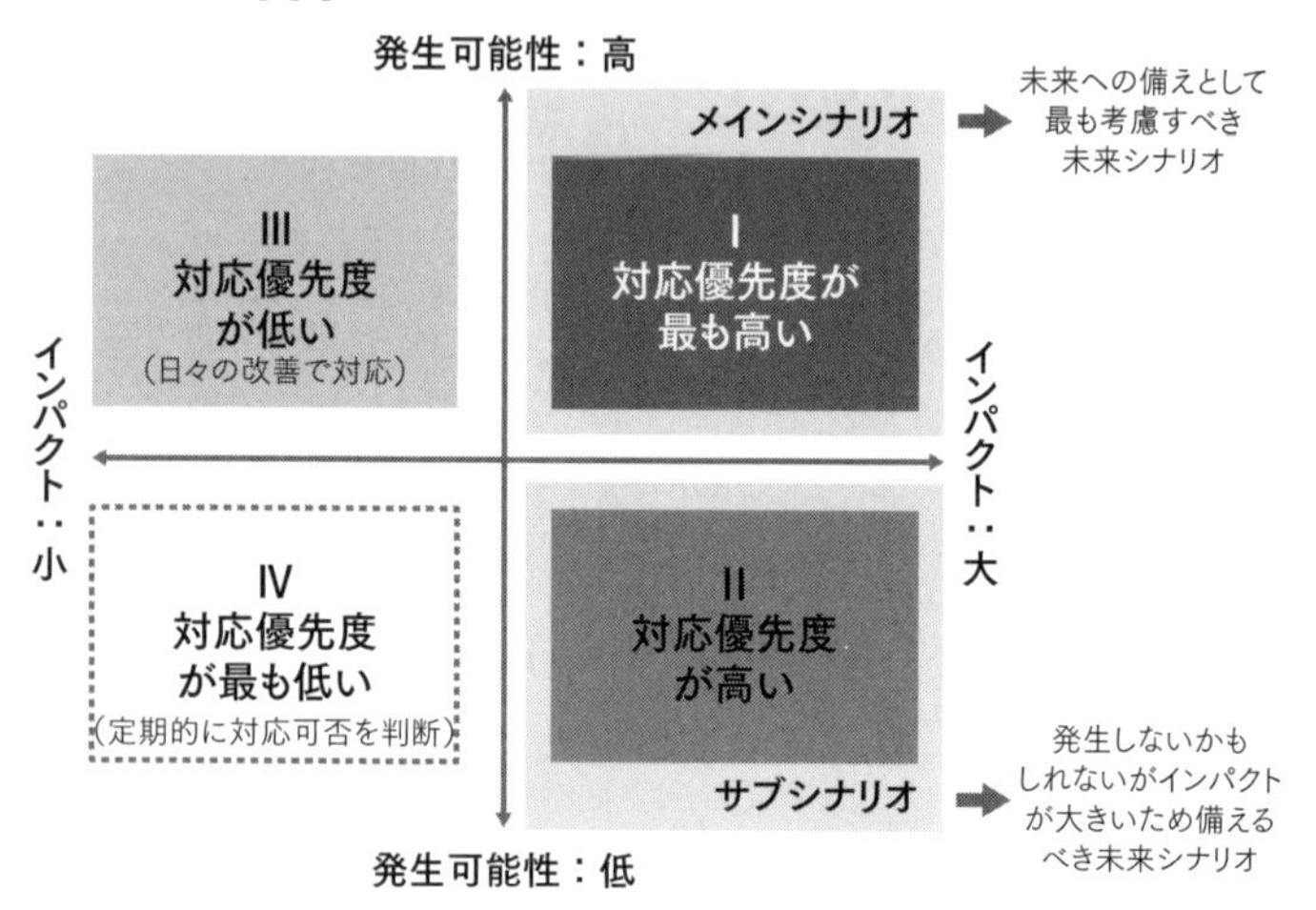

象限にプロットしていく。複数の未来シナリオのうち、どちらの未来になるかは言い切ることができないが、この「発生可能性」と「インパクト」により、いつ対応すべきか優先順位をつけることができる。

メインシナリオは、発生可能性が高くインパクトが大きいため、未来への備えとして最も考慮すべき未来シナリオである。サブシナリオは、発生しないかもしれないがインパクトが大きいため、備えるべき未来シナリオである。

第2章2節の未来志向力でも述べたように、重要なのは未来に起こる要素を完璧に言い当てることではなく、様々起こり得る未来のマクロ要素に対

［図表3-8］**未来シナリオのプロット例**

テーマ1：X業界における労働力

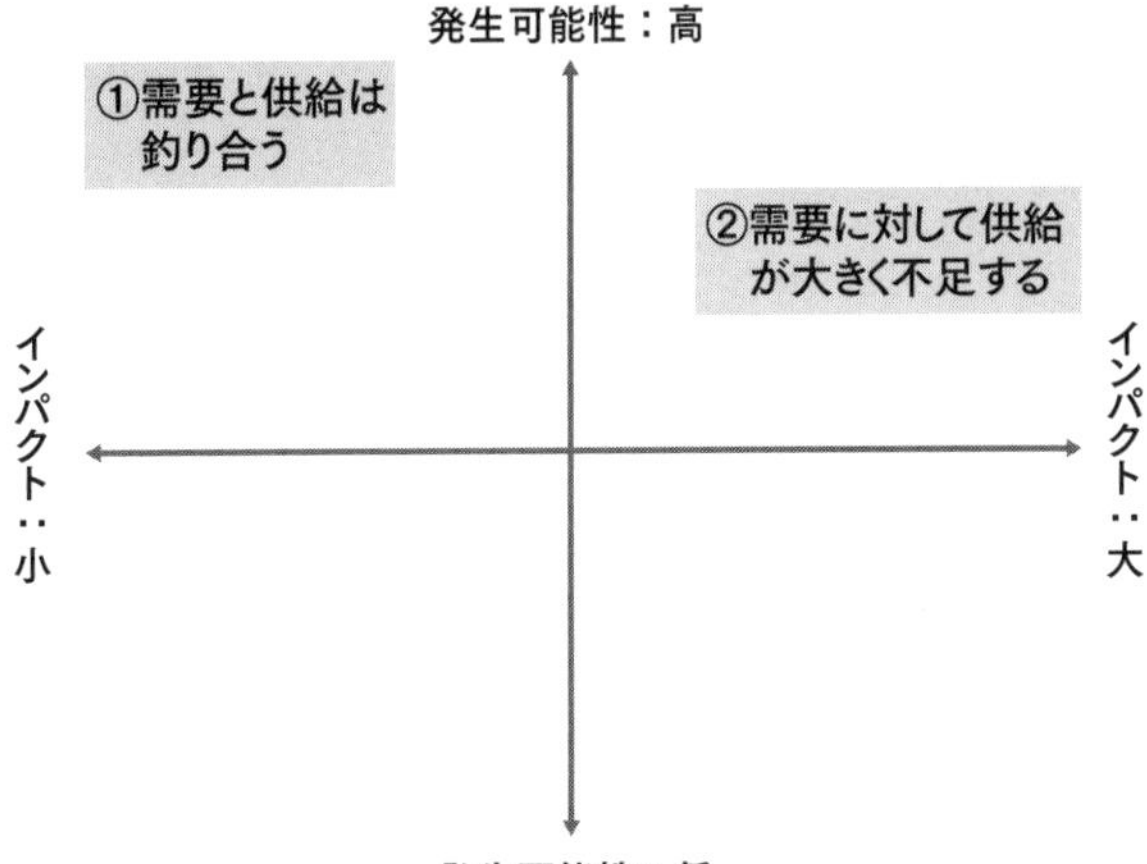

して大きく思考を振り切って検討をめぐらし、自社に影響が大きいと考えられる未来シナリオを取捨選択し、その未来シナリオの可能性を継続的にウォッチし、準備を怠らないことである。

先ほどの未来シナリオ①「需要と供給は釣り合う」、②「需要に対して供給が大きく不足する」をプロットすると、①は象限Ⅲ、②は象限Ⅰに位置する。①②どちらも起こり得る可能性はあるが、インパクトの大きい「需要に対して供給が大きく不足する」という未来に対して特に備え、重点テーマ候補を深く検討していくことになる。

以上、未来年表化を行う際に役立つ具体ツールとして3ツール紹介してきた。未来で起こる変化やそのときの社会の状態を広く予測し、マクロトレンドを言語化・具現化するためのＰＥＳＤＩＧ、未来において自社に影響を与える重要な要素を見つけ複数の未来シナリオ・重点テーマ候補を検討するための未来シナリオ表、その未来シナリオにいつ対応すべきか時間軸を認識するためのメインシナリオ／サブシナリオを活用し、未来志向力を実践していただきたい。

②気付き化　経営トップから現場まで定期的・網羅的に気付く

変化の種を見出せる仕組みを持つ

未来年表化は、外部環境の変化を未来からバックキャストで把握することであった。気付き化は、内部環境を理由とする課題や取り組みを把握するためのメソッドである。

内部環境の把握とは、見える化や可視化活動といった企業の内部を描写し理解することであるが、見える化・可視化活動について日本企業は行きすぎている場合が多い。よって本書においては気付き化という言葉でのメソッドを提唱している。

もちろん見える化や可視化はよい活動であり、しっかりと活動することで正しい施策が

[図表3-9] 7つのメソッド：②気付き化

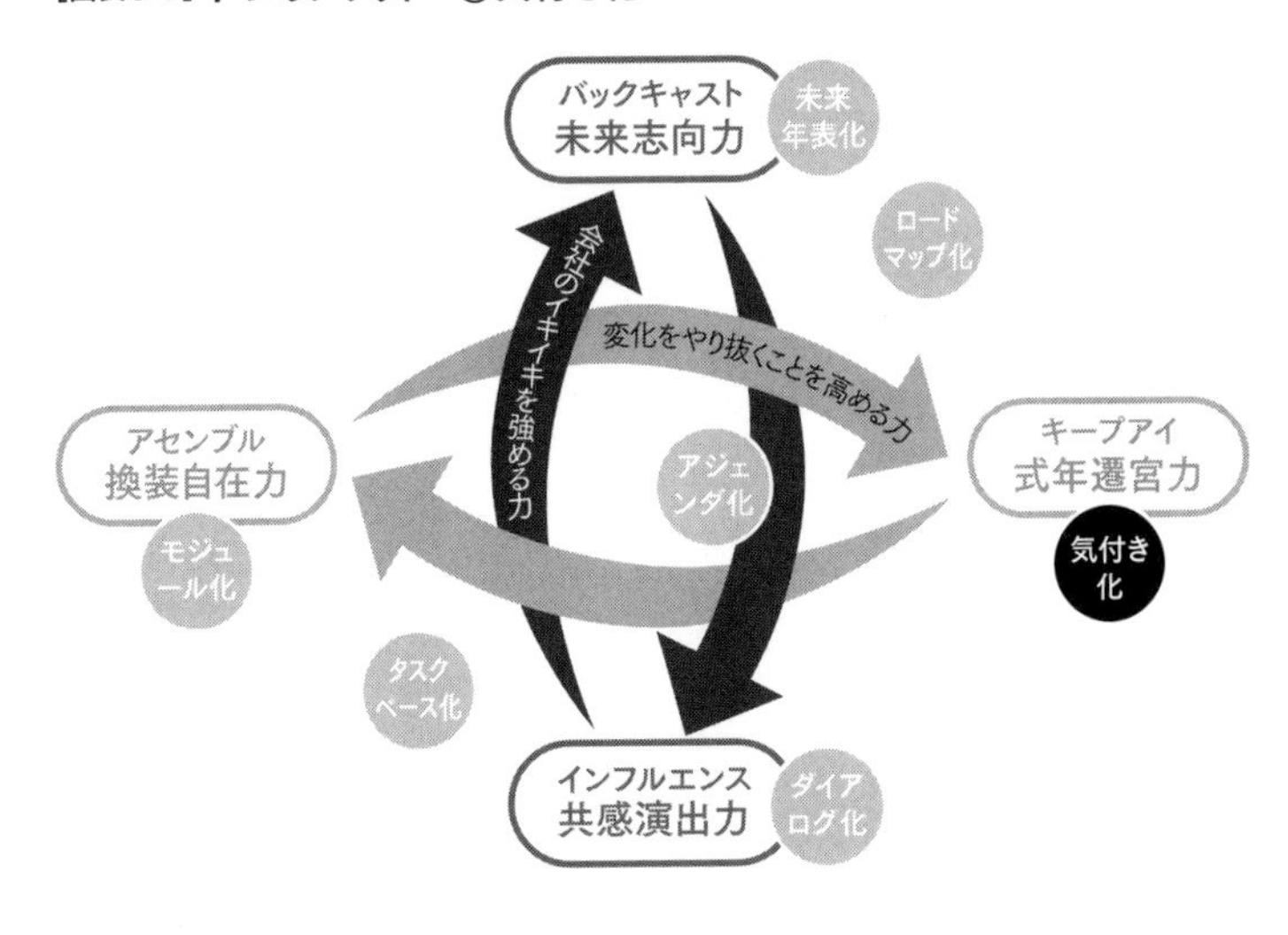

浮かび上がる可能性は高い。ただし見える化や可視化という言葉には、多大な工数とコストがついてまわる。

企業の課題や取り組みを可視化するのはよいことだが、行きすぎれば悪である。日本企業では、見える化や可視化を始めると正確・精緻な分析を求めて工数を多くかけすぎてしまう。その結果、工数とコストをかけているうちに関与者が移り変わり、結局実行されない、時間が経ちすぎてしまい実行自体に意味がなくなる、たとえ他に代替案がなかったとしても正確かつ詳細に内部環境が見えない限り施策は実行しない、といった状況が起こりがちである。

変革永続力で提唱する変革の概念は、壮大な計画を練って大がかりな一大プロジェクトを組成し大きく変化することではなく、日々の変化の積み重ねである。経営環境は絶えず変化する中、あらゆる仕組みは日々陳腐化していくと考える方が自然である。仕組みが日々陳腐化しているならば、日々「何かよくない気がする」「ちょっと変えればよくなるような気がする」ということに気付き、実際に変える動きを取る必要がある。

大きく変化するために一大プロジェクトを組成して大規模な現状可視化からスタートする思考から、日常的に重要な課題や必要な取り組みに気付き、すぐに今よりよい方法に変えてみる思考に切り替える必要がある。現状把握することは変える前段階にすぎず、現状把握だけに工数とコストをかけすぎてはならない。

物事の要点に気付き、その気付きを変化の動きにつなげる考え方を持つ必要がある。そのためには、課題や取り組みに「気付く」仕組みを整備する必要がある。

小松製作所元会長の坂根正弘氏[*12]は、「端的な一点の事実があれば、話は相手に突き刺さる。一番効果的なのは、いま起きていることの本質を端的に表す事実を一点だけ抽出して、それをオリジナリティのある表現で表すことだ」と述べている。当事者が本質となる課題や取り組みを捉え、最低限の情報で言い表せるシンプルな言葉に落とし込む必要があるということだ。

最初は思いつきの気付きでよく、最初から全体をよく表す一点の本質がわかった状態をスタートラインにする必要はない。何かしらの思いつきを起点に、それを日々柔軟に更新し、一点の本質に近づけていく。変化を繰り返すことで、いつか当事者は本質に「気付く」ことができる。

様々な階層に対して、気付きのきっかけを与える

気付き化とは、気付きのきっかけを与える仕組みである。社内の様々な階層において、意図的に気付きのきっかけを与える仕組みを持たせるメソッドが必要になる。

図表3－10を確認いただきたい。本書では複数事業を扱っている大企業を想定し、全社を捉える経営トップの「気付き」、チーフオフィサー・ミドルリーダーが捉える「気付き」、細かな日常の情報から得られる現場の「気付き」で分類している。階層によって、課題や取り組みの「気付き」に必要な情報量や仕組みは異なる。

経営トップやチーフオフィサー・ミドルリーダーの「気付き」を促すには、気付くための情報を自動的に取得・表示するインフラを構築する必要がある。都度、正確・精緻な分析をする度に人を投入し、工数やコストをかけるのではなく、情報を自動的に取得・表示し、気付くためのインフラ構築に投資すべきである。

日常の事業活動の中で得やすい現場の「気付き」を促すためには、個人の考えを集約さ

［図表3-10］ 会社にある「気付き」の階層

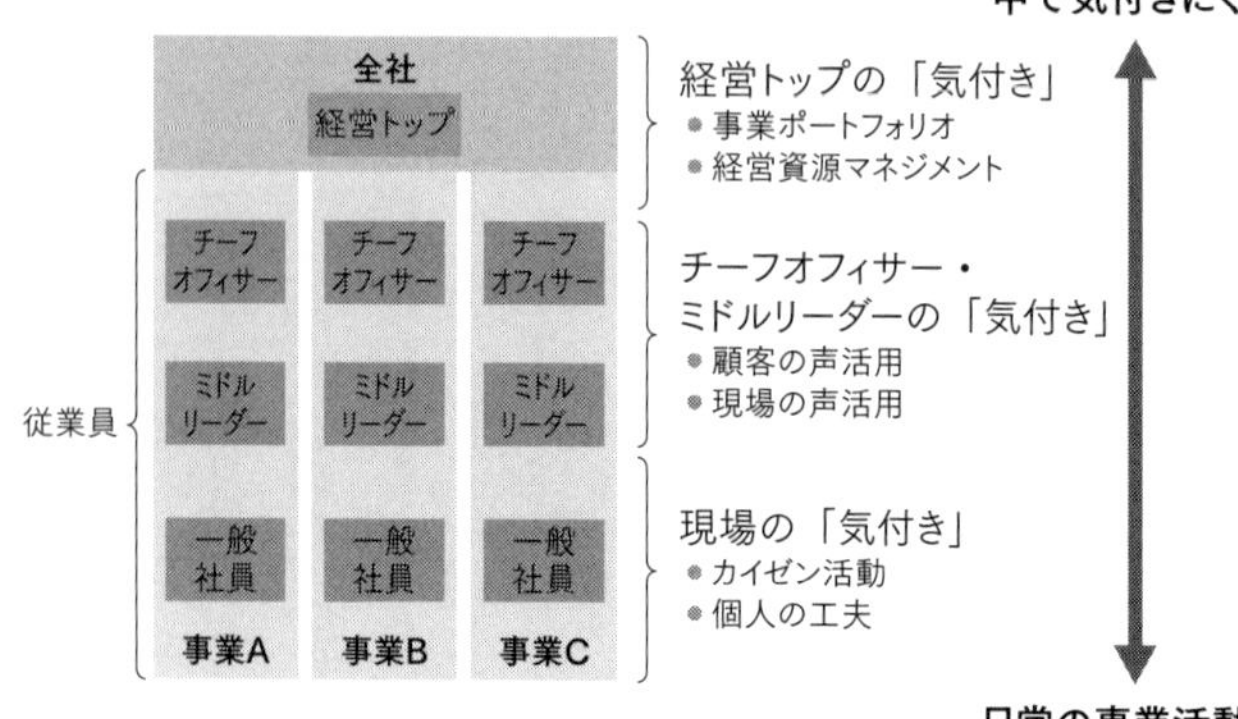

せる仕組みや、現場が気付くことに対する自発性を高める仕組みを構築する必要がある。

また各階層は気付いても目を逸らすことがある点にも、注意が必要である。課題を直視すると、解決しなければいけなくなるためである。そのため何かと理由をつけて、目を逸らしていることがよくある。これには覚悟を持って貪欲に気付くことを促す必要があるが、当人の意識や周囲の慣習に依存するため、意図的に気付きのきっかけを与える仕組みを作り込むしかない。

日常的な変化のため、定期的・継続的に、課題や取り組みに「気付く」ための2つのツールを紹介する。

「気付き」のきっかけを与えて走り始め、

その「気付き」を起点に柔軟に一点の本質を捉え更新していく。どのツールも要件は同じで、「単発的でない定期的・継続的な仕組みにする」「定性的に捉えるしかない対象も、定量的に捉えられるようにする」ため、気付くためのインフラ構築に投資すべきである。

日常の事業活動では得にくい「気付き」を得る
具体ツール1：事業ポートフォリオ管理／想定主管部署：経営企画部

経営トップの「気付き」を促すツールとして、事業ポートフォリオ管理を紹介する。事業には栄枯盛衰があり、企業は事業ポートフォリオの組み替えを思考し続け、組み替えるためのアクションを起こすことが重要である。

事業ポートフォリオは、自社が続けていくべき事業はどれか、新しい事業に取り組むべきかどうか、に気付くためのツールである。このツールにおいては、事業を横並びで評価するための考え方や情報が必要になる。

図表3－11の通り、事業ポートフォリオ管理は、収益性／成長性の軸で、事業の性質を整理している。

事業ポートフォリオは、現在から将来に向け、成長へ寄与する事業を捉えることが目的である。各象限に事業の位置づけを整理・マッピングし、経営資源の配分方針をパターン

[図表3-11] 事業ポートフォリオ管理の全体像

現状ポートフォリオに基づく経営資源の配分方針

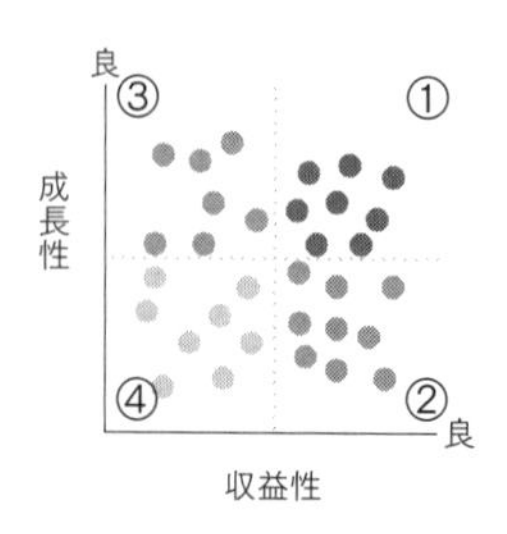

事業名	位置づけ	経営資源の配分（投下資本＆ハードルレート、人員数の目途付け）
○○○	①	パターン1（例：前年比5％UP）
○○○	…	
○○○	②	パターン2（例：前年比2％UP）
○○○	…	
○○○	③	パターン3
○○○	…	
○○○	④	パターン4（管理ポスト入り）
○○○	…	

●：事業
●：経営資源の投下事業
●：管理ポスト入り事業

①経営資源の投入事業領域
②現状維持事業領域
③戦略見直し事業領域
④管理ポスト入り候補事業領域

ポートフォリオに将来性を加味した経営資源の配分方針

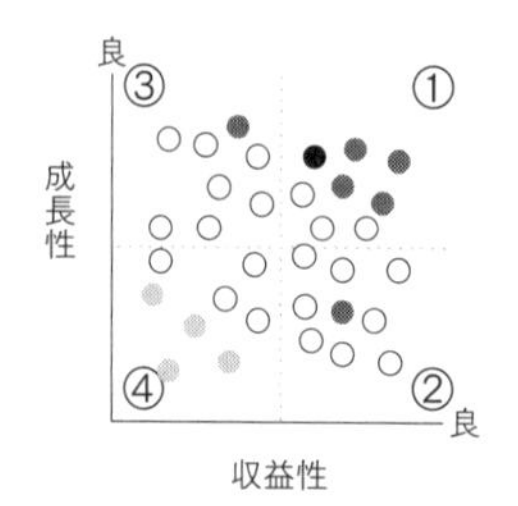

事業名	位置づけ	経営資源の配分（投下資本＆ハードルレート、人員数の目途付け）
○○○	①	○○○
○○○	②	○○○
○○○	③	○○○
○○○	②	○○○
○○○	③	○○○
○○○	④	○○○
○○○	④	○○○
○○○	…	○○○

●：経営資源の投下事業

強化事業	理由
○○○	
○○○	

●：管理ポスト入り事業

管理ポスト事業	理由
○○○	
○○○	

化する。さらに将来性を加味して、経営の意思や追加的評価要素を加え、事業ごとに格付けを行い、経営資源の配分方針を最終化する。

事業ポートフォリオの縦軸と横軸は、収益性、成長性、自社の企業理念との整合性／SDGsへの貢献、といった観点で設定しているケースもある。大切なことは、各事業の位置づけを捉えることである。事業ポートフォリオを捉える仕組みを何も持たなければ、問題意識に気付くことはできない。

企業は事業の複合体である場合が多いが、経営資源は有限である。企業が発展するには、どの事業に力を入れるか／どのように事業の持ち方を組み替えるか、という発想を持つ必要がある。

将来に向けて重要な事業に投資する判断ができ、将来において価値が見込めない事業への対応について検討を行う。一つの企業に複数事業が存在する場合、A事業の10億円の投資とB事業の10億円の投資を評価する、といった複数事業にまたがった課題については、日常の事業活動の中で「気付き」を得ることが難しい。そのため課題や取り組みに気付くための仕組み・インフラ構築への投資が必要になる。

具体ツール2：VOC（Voice Of Customer）／想定主管部署：DX部・マーケティング部
「気付き」の源を集約・分析し、様々な部署で活用する

チーフオフィサー・ミドルリーダーの「気付き」を促すツールとして、VOC（Voice Of Customer）を紹介する。

これは管理層が顧客接点情報を取得し、社内共有する方法に関するツールで、顧客・現場の接点情報を、研究・開発・生産・営業などに活かすことにつながる。近年の顧客接点情報は多岐にわたり、個人が情報をアップロードしていく時代の中、SNSの投稿などから多くの情報を取れるようになった。インターネット上には非常に多くの「気付き」の源があり、「気付き」を得る仕組みを構築する必要がある。

図表3－12の通り、顧客接点情報は多岐にわたるため、集約先としての顧客接点活用基盤の構築が重要になる。情報の集約場所を仕組みとして構築した上で、その情報を活用する部門とアウトプットを想定することが必要になる。顧客接点情報をまとめて得られ分析できる仕組みを作ることで、チーフオフィサー・ミドルリーダーは多くの「気付き」を得ることができる。

また本ツールでは「顧客の声」を取り上げたが、「現場の声」を取り上げるツールも性

［図表3-12］VOC（Voice Of Customer）

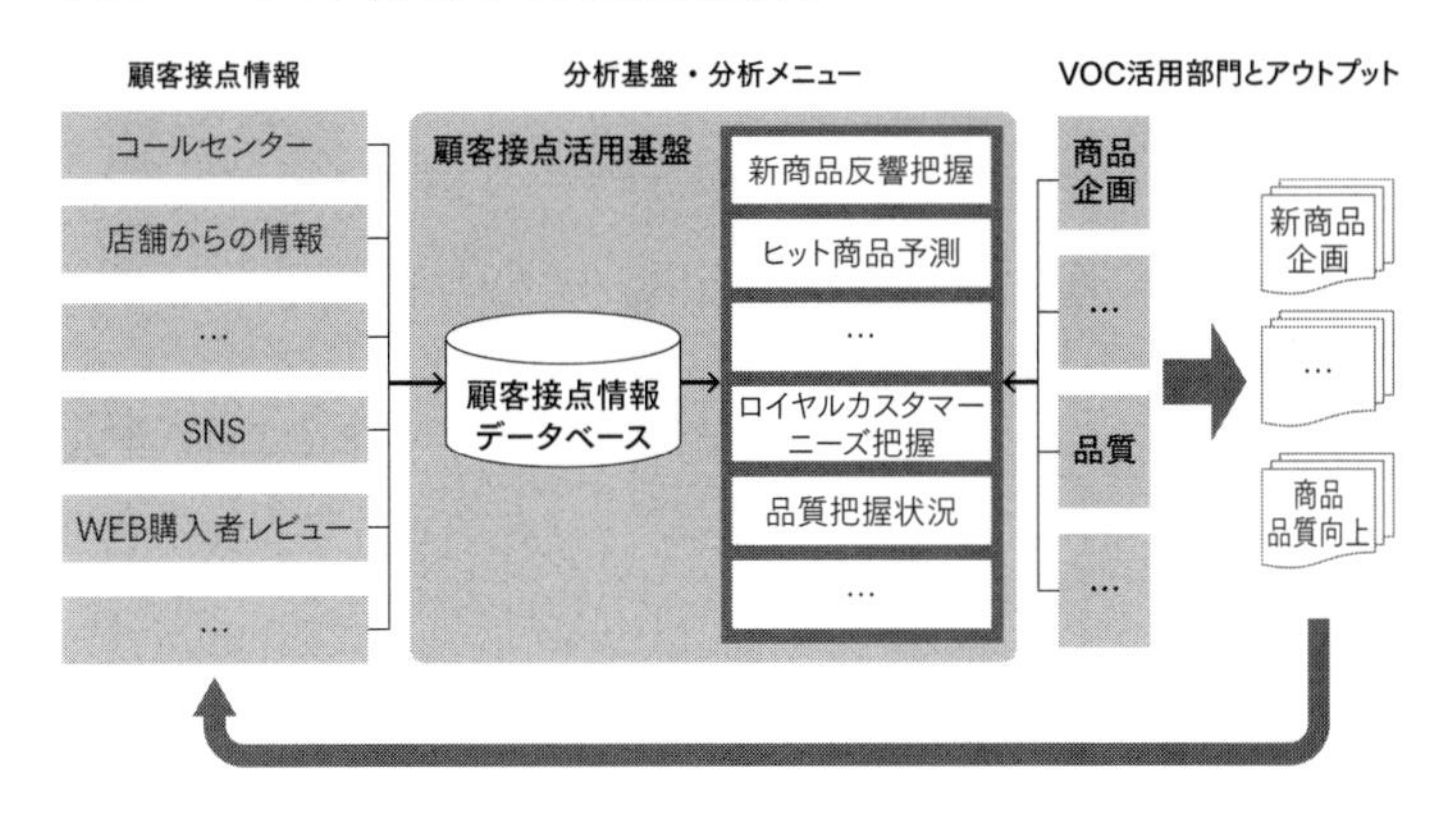

質は近い。「顧客接点情報」を「現場情報」として捉えることができる。現場で様々に起きていることを基盤に集約し、情報を得て分析し、活用部門にアウトプットする仕組みも同じである。

以上、気付き化の2つの具体ツールを紹介した。具体ツールの導入により何らかの課題や取り組みの必要性に気付いたとして、本当に変えてしまってよいか従業員が不安にならないかという懸念が出る。これに対しては、「③ロードマップ化」が必要になる。従業員全員が同じ方向性を共有していれば、会社の中で色々な人が「気付き」、変えていくことができる。方向性を揃え、「気付き」を「活動」に変えるメソッドを「③ロードマップ化」にて紹介する。

さらに第1章のリクルート事例にて「よもやま話」を紹介したが、小さな変化を大きな活動に変えていくには、従業員同士が「気付き」についてコミュニケーションが取れる素地が必要になってくる。そのような「気付き」を「対話」に変えるメソッドは、「⑦ダイアログ化」にて紹介する。

③ロードマップ化　戦略の道筋を描く

未来に向けた道標を作る

ロードマップ化は、未来における変化や社会の状態と現在の自社の姿を結びつけて、自社内における未来に向けた道標を形づくるメソッドである。メソッドの関連としては、「①未来年表化」は未来における外部環境の変化や社会の状態を見るもの、「②気付き化」は現在の内部環境の課題や取り組みに気付くものであり、「③ロードマップ化」はその2つをつなぎ合わせるものである。

ロードマップとは、会社の経営戦略や経営資源についての未来への構想や計画である。例えば、長期ビジョンは会社の将来像を描く構想である。人材ロードマップは未来に向けた人材採用・育成方法や未来の人材構成を描く構想や計画である。図表3-14に記載の

［図表3-13］７つのメソッド：③ロードマップ化

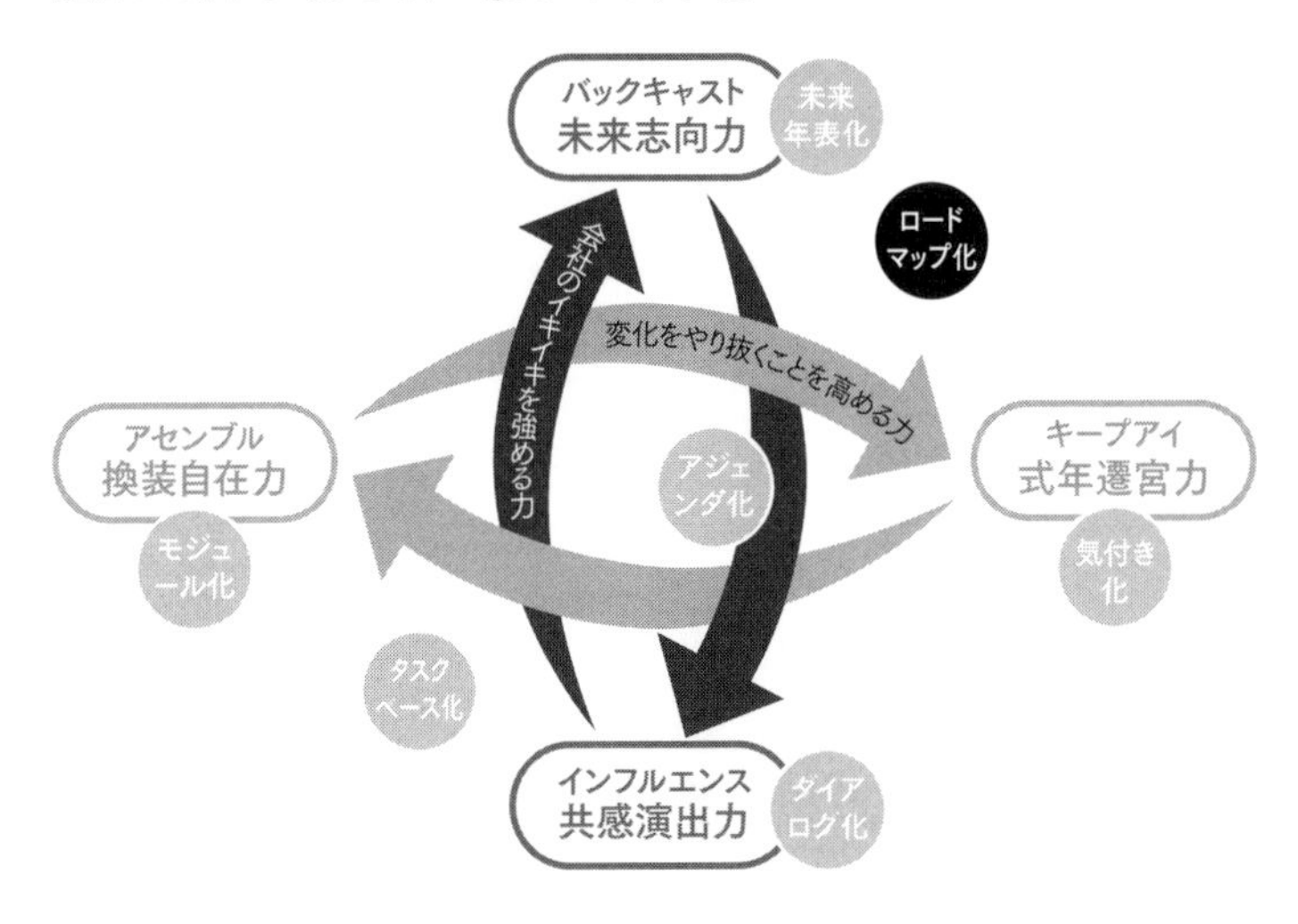

通り、様々な経営戦略・経営資源に対してロードマップを整備することができる。

ロードマップ化が、変革永続力において果たす役割は、自社の未来に向けた道標を社内全体に共有することで、日々の変化の拠り所を従業員に示す点にある。

会社には多くの従業員が在籍していて考え方も様々であり、多くの変化アイデアが湧いている。しかし変化アイデアが湧いたとしても、本当に変化させてよいか意思決定することが難しい場合がある。そこで、未来への構想や計画をロードマップとして描写し周知できるものを構築することで、日々の変化の拠り所を示す。描写する際、マップのようにわかりやすい形で描写された拠り所があることで、自信を持って変化

［図表3-14］ロードマップの代表例

対象種別	具体的なアウトプット（例）	内容
経営戦略	長期ビジョン	将来10年・20年・30年といった時間軸で、会社の将来像を描く構想
	中長期経営計画	3年・5年・10年といった時間軸で、経営の舵取りの方法を描く構想や計画
経営資源	人材ロードマップ	未来に向けた人材採用・育成方法・マネジメント方法や未来の人材構成を描く構想や計画
	技術ロードマップ	未来に向けた技術研究・技術開発・マネジメント方法や未来の技術構成を描く構想や計画
	ITロードマップ	未来に向けたITアプリ・インフラ・マネジメント方法や未来のITの状態を描く構想や計画

に挑戦することができ、会社の変革を促すことができる。

具体性と定量性こそがカギ

日々の変化に結びつくようなロードマップ化には、3つの要件がある。

1つ目の要件は、自社の未来に向けた進み方が、認識しやすく可視的に描写されていることである。形は問わないが、わかりやすい線表・地図・絵としてまとまっており、可視的なフォーマットで作成されていることが重要である。

可視的なロードマップにすることで、作成時の思考プロセスを共有することができる。思考プロセスが共有できることで、複数の従業員で議論しながらロードマップを作成することができるメリットもある。可視的なロードマップは議論が生まれやすく、全従業員に共感を持たせることができるため、日々の変化を促す拠り所となる。

2つ目の要件は、具体性と定量性を備えていることである。長期視点のロードマップを描いたとしても、直近で実施する具体性を備える必要がある。将来のありたい姿に合意できたとしても、そのために今何をすべきかまで特定されていないと、日々の変化の拠り所にすることは難しい。

具体性を高めるためには、定量性が欠かせない。定量性によって、ありたい姿へ向かうための量的度合いを認識することができる。定性的なありたい姿の方向性に留まらず、具体的な目標数値、施策に投入する人数規模や投資規模、達成すべきKPIなど、ロードマップには必ず定量性を持たせる必要がある。定性的な方向と定量的な度合い、両方を備えることでロードマップは拠り所として機能する。

3つ目の要件は、ロードマップに定期的な更新をかけることである。前章の式年遷宮力において、定期性を持たせることが重要と述べたが、ロードマップにも当てはめるべき考え方で、更新に定期性を持たせる必要がある。

どのような時間軸で経営戦略を成し遂げていくか、どのような経営資源に構成・変化させていくか、採った構想・計画は、世の中の変化と連動させる必要がある。特に未来年表化で紹介した未来年表の内容が更新されるタイミングでは、同時にロードマップも更新されるべきである。

考え方としては、世の中は常に変化していくため、適時見直しをかけることが当然と捉えた方がよい。定期的な見直しタイミングを設けることで、ロードマップを題材とする検討機会が意図的に発生し、日常の変化を促すことになる。一度描いたロードマップに固執してしまえば、日常的な変革は逆に遠ざかる。ロードマップは、一度作って終わりではない点に注意が必要である。

以下では、ロードマップ化の具体ツールを2つ紹介する。どのツールでも必要な要件は紹介してきた3つの要件であり、「可視的に描写されていること」「具体性と定量性を備えていること」「定期的に更新をかけること」になる。

未来シナリオにおけるありたい姿を明確にする 具体ツール1：長期ビジョン／想定主管部署：経営企画部

1つ目のツールとして、長期ビジョンを紹介する。長期ビジョンとは、「将来10年・20年・30年といった時間軸で、会社の将来像を描く構想」である。図表3－15を確認いただきたい。メソッド①で未来における変化や社会の状態を、メソッド②で現在の自社の姿を捉えたとすると、メソッド③のロードマップが、それらをつないでいる。本書で紹介する

[図表3-15] **メソッド①〜③の関係図**

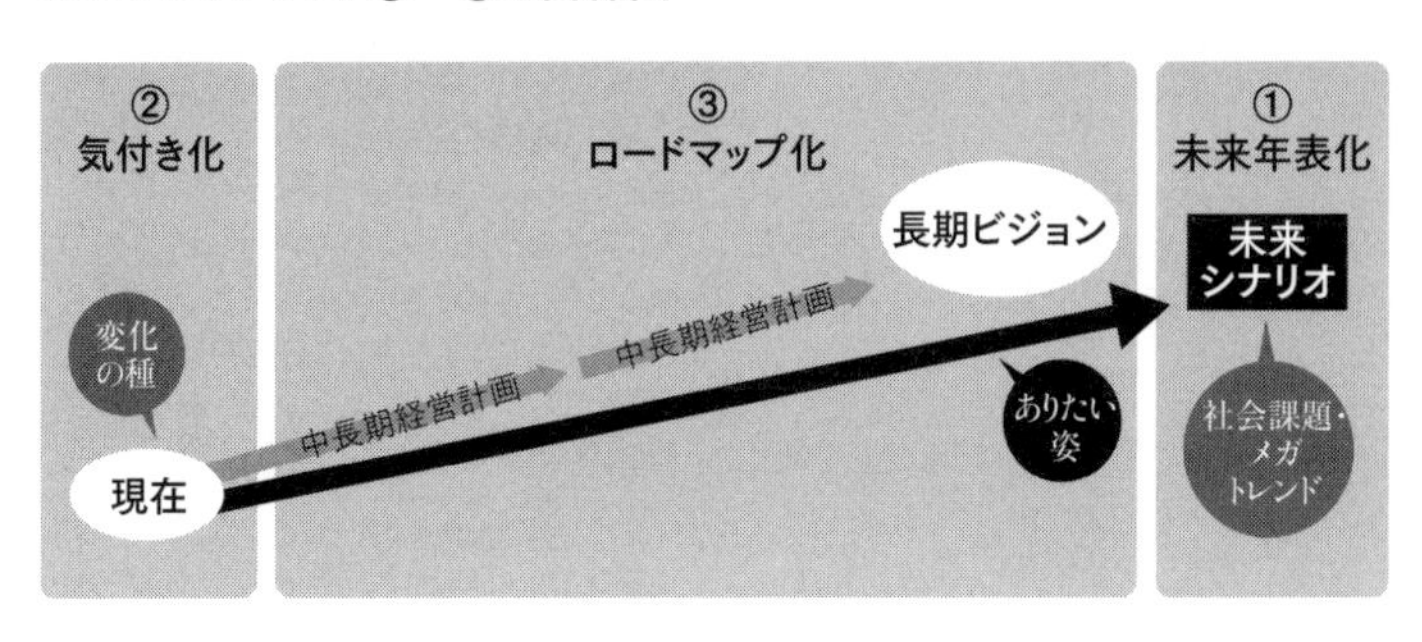

長期ビジョンは、有限な時間軸の未来シナリオにおけるありたい姿である。また中長期経営計画は3年・5年・10年といった時間軸で描く、経営の舵取りの方法であり、長期ビジョンに至る道筋になる。長期ビジョンも中長期経営計画も、経営戦略に対するロードマップであり、連関していることが重要になる。

長期ビジョンは、図表3－16の内容で描写される。

「1．長期ビジョン策定の背景・目的」で、なぜ長期ビジョンを策定したのかを明文化する。既存事業の市場減退が見えていることや、会社として変革が必要な理由などを描写する。

「2．長期ビジョンの全体フレーム」は、図表3－15そのものであるが、長期ビジョンと年次計画など、計画同士の関係を整理することが必要である。

「3．未来シナリオ」は、長期ビジョンを描く上で未来における変化や社会の状態をロードマップにも描写するもの

［図表3-16］**長期ビジョンの構成**

長期ビジョン

1. 長期ビジョン策定の背景・目的
   - なぜ長期ビジョンを作るのか
2. 長期ビジョンの全体フレーム
   - 長期戦略・中期計画への反映方針
3. 未来シナリオ
4. 長期ビジョン
   - ビジョンステートメント
   - 事業分野・事業ドメイン
   - 勝ちパターン・ビジネスモデル
   - 定量目標・定性目標
5. 重点テーマ
   - 例：事業P/F、新規事業、人材・組織風土

であり、詳しい説明は未来年表化の通りである。未来の変化や社会の状態の中で、特に長期ビジョンの内容に結びつきが強いものを、ロードマップの中には記載すべきだろう。

「4.長期ビジョン」が本題である。「ビジョンステートメント」は未来シナリオにおいて会社としてどういった企業像でありたいかの描写、「事業分野・事業ドメイン」は未来シナリオで会社が手掛けている事業内容・領域の描写、「勝ちパターン・ビジネスモデル」は未来シナリオで手掛けている事業内容・領域における勝ち方の描写、「定量目標・定性目標」はより具体的な未来シナリオにおける目標を描写する。

「5.重点テーマ」は、現在の姿と長期ビジョンのギャップを特定し、重点的に解決・開発に取り組むべきテーマや、未来シナリオの到来までに実現しておくべきテーマを記載する。

以上、長期ビジョンについて紹介してきた。まず未来におけるありたい姿を「長期ビジ

ョン」に描写することなくして、「中長期経営計画」は成り立たない。長期ビジョンに向けた長期戦略や中期計画となるように、経営管理体系を整えることを推奨する。

長期ビジョンの策定にあたっては、前章の未来志向力で紹介した通り、現在の姿からのフォアキャスト思考ではなく、未来シナリオからのバックキャスト思考が重要になる。将来の会社のありたい姿を描くには、現経営層と次期経営層となるミドルリーダーを交えて長期ビジョンを検討することを推奨する。ミドルリーダーを様々な部署から集めて策定することで、次期経営層の育成や、長期ビジョン策定後の社内浸透を促すことが期待できる。

スピード感を持って全体最適のＩＴ機能を拡充させる
具体ツール２：ＩＴロードマップ／想定主管部署：情報システム部

２つ目のツールとして、ＩＴロードマップを紹介する。ＩＴロードマップは、図表３－17の通り、ＩＴアプリ・インフラ・マネジメント方法や未来のＩＴの状態を描く構想や計画を整備したものである。本ツールは「世の中一般のＩＴに関する道筋」を示したものではなく、「自社のＩＴに関する道筋」を描くものである。「世の中一般のＩＴに関する道筋」は、自社の未来のＩＴの状態を描くために必要な情報になるが、本書では未来年表化と位置づけている。

［図表3-17］ **ITロードマップ**

大分類	小分類	FY XX	FY XX+1	FY XX+2	3カ年KPI	FY XX+3〜
経営戦略 IT構想・IT戦略		戦略策定			XXX	
アプリケーション	現行システム活用	現状把握	業務標準化、システム修正（コード変換など）		XXX	
	テンプレート構築	準備	拡張Ph1 → 拡張Ph2	拡張Ph2	XXX	拡張Ph3
	〇〇導入		導入計画 → 先行導入	先行導入	XXX	グローバル1展開
	〇〇導入	PoC	パイロット導入 → 見える化	見える化	XXX	データ活用・高度化
インフラ	〇〇	概要設計 → 基本設計	環境整備（アーキテクチャ）		XXX	
	〇〇	概要設計 → 基本設計	環境整備（クラウド）		XXX	
マネジメント	ガバナンス	体制整備	ツール整備・規程整備	ツール整備・規程整備	XXX	
	ルール・規程	〇〇対応	〇〇対応		XXX	
	コード体系	〇〇整備	〇〇整備	〇〇整備	XXX	
	業務プロセス	〇〇対応	〇〇対応	〇〇対応	XXX	

ＩＴロードマップでは、自社においてＩＴで実現したい構想・戦略を明確にした上で、どのようにアプリケーション・インフラ・マネジメントで実現していくか、方針と計画が描写される。ＩＴロードマップも、計画策定時にＫＰＩを設定し進捗確認しながら、ロードマップを定期的に見直すことが肝要となる。ＩＴでは実開発が動くため、開発の各段階で品質・進捗・リスクのチェックを経営レベルで行う必要がある。

ＩＴロードマップにより、本社・事業が個別最適でバラバラなＩＴ開発をすることがないようにした上で、スピード感を持って全社のＩＴ機能が拡充していくように、戦略と組織をリンクさせることを推奨する。

④アジェンダ化　難しい課題も目を逸らさず考える場を持つ

クロスフォースが備わっていることを日常的に検証する

アジェンダ化とは、クロスフォースが備えていることを日常的に検証する仕組みを意味する。これには2つの要素がある。一つは、クロスフォースの発揮を日常的に検証する「テーマ」を設定することである。もう一つは、そのテーマを議論する「場」を設定することである。

例えば、ある企業では経営トップが未来志向力を強く持っており、「マクロトレンドが自社に与える影響について、役員間で議論したい」「地域社会の将来像とその中での自社のあるべき姿について議論したい」というように都度、検討テーマが経営企画部門に下りてくる。

こうしたテーマを議論すること自体は、重要である。しかし、経営企画部門が場当たり的に対応するには荷が重いだろう。本来、こうした議論は場当たり的ではなく、システマチックに行われるべきものである。日常的に議論する場を設定することで、場当たり的な対応ではなく、適切なタイミングで適切な議論をすることが可能になる。

経営層にとっても自らの課題意識を共有し、議論する場があることの意味は大きい。この点は理解しつつも、多くの企業では経営層が比較的短期間で入れ替わり、経営層・現場ともに目の前の仕事に追われている。そのため日常的に議論する場を「意識的に」設定する必要がある。

変革の議論を取り仕切る責任部署を設定する

変革の議論を取り仕切る主体として、多くの企業では経営企画部門が想定される。組

[図表3-18] 7つのメソッド：④アジェンダ化

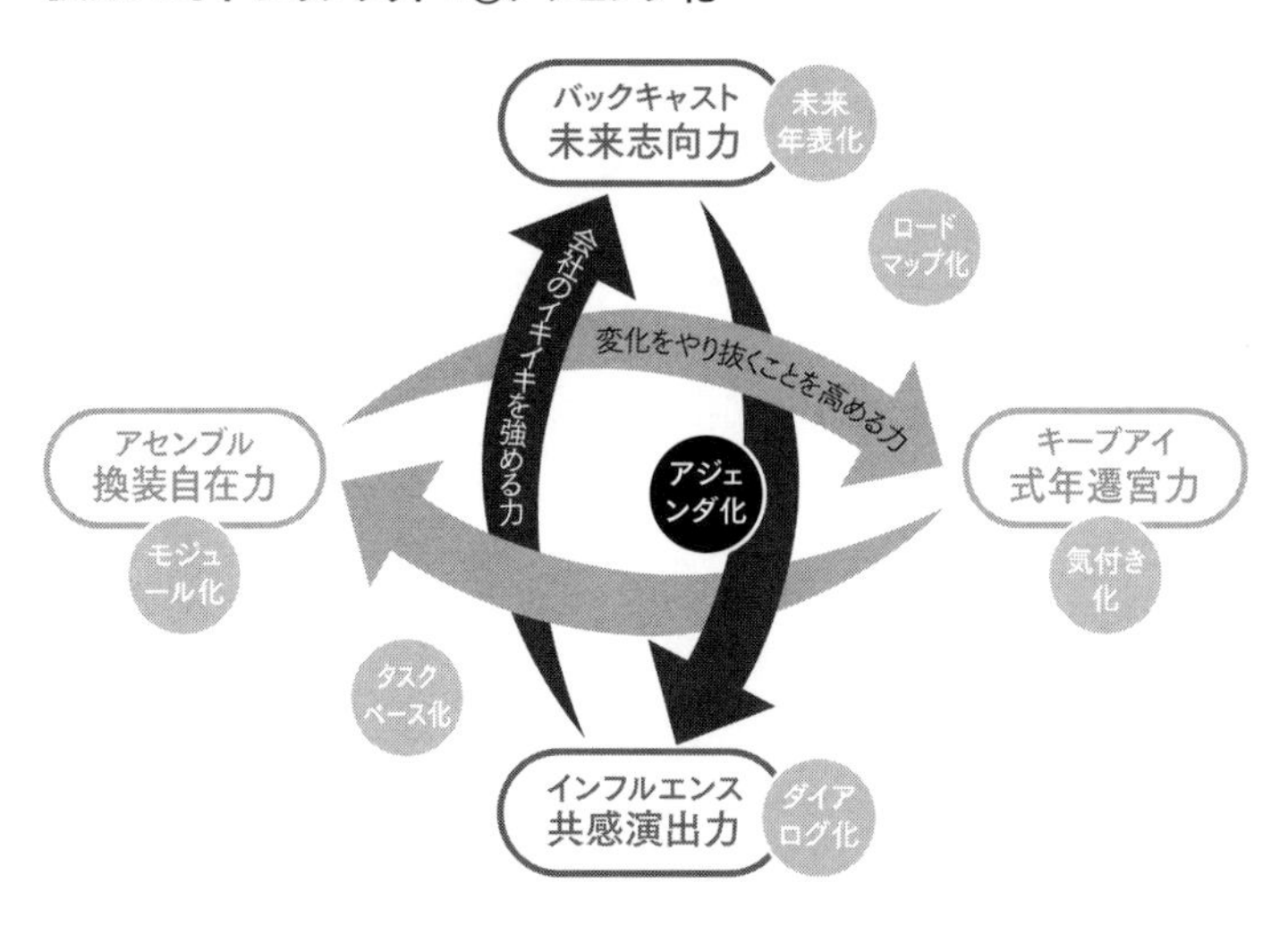

織・人事制度に関係するテーマであれば人事部門、技術開発に関係するテーマであれば、R&D部門、新規事業開発部門が担うことになる。重要なことは、どの部署が責任を持つかを明確化しておくことである。既存部門での対応が難しければ、新規に専任のチームを設置するのも手である。特に変革において重要なテーマであれば、専業で検討する人員を配置することも必要になる。

何を重点テーマとして設定するか、どの部署が担うかは企業によって様々であり、その企業に適した方法が存在する。本章ではクロスフォースを基に、それぞれ何をアジェンダとして考えるか、どの部署で仕切るかを順に説明する。自社で検討される際の参考にしていただきたい。

バックキャストの視点を持ち続けているか検証する

未来志向力は、未来を予測し、ありたい姿を見据え、取り組むべきことを導き出す力である。未来志向力において、過去や現在を起点としたフォアキャストの捉え方ではなく、未来社会や将来目標を起点としたバックキャストの捉え方が重要である。その上で、バックキャストで次期中計策定に入る形が望ましいといえる。

中計で策定する自社の戦略や投資計画は、未来年表や長期ビジョン、ＩＴロードマップで整理した内容と一致している必要がある。そのため未来年表で策定したマクロトレンドの進行状況や長期ビジョンで策定した将来像の達成度合いを測り、対策を講じることをアジェンダとし、定期的に検証する場を設けることが未来志向力におけるアジェンダ化である。

議論を取り仕切る主体として、経営計画の策定に携わる経営企画部門や財務部門が担当する形がよいだろう。経営企画部門を中心に例えば技術が関わる議論についてはＲ＆Ｄの担当者が出席する形で議論を推進することが望ましい。あらかじめ経営企画部門、財務部門、Ｒ＆Ｄ部門の担当者からなる検討チームを発足させるのも手である。

経営層と従業員の視点が揃っているか検証する

共感演出力は、会社の目指す幸せの姿・ありたい姿を従業員に共感させて巻き込む力であり、共感演出力が備わることで、従業員が内発的に動機づけられ、従業員の力を最大限に引き出すことができる。アジェンダ化という視点で見ると従業員に目指す幸せの姿・ありたい姿が浸透しているか、従業員エンゲージメントが高い状態に保たれているか、の2点が観点として挙げられる。

企業が立派な目指す幸せの姿・ありたい姿を掲げていても、従業員がそれを知らない、共感していない、実践していなければ絵に描いた餅である。そのため、目指す幸せの姿・ありたい姿に対する浸透度を測定する調査や、組織風土を観測する調査を定期的に行い、経営層と従業員の目線が揃っているかを検証し、状況に応じて従業員のエンゲージメントを高める施策について講じていくことが必要になる。

議論を取り仕切る主体として、人事部門が中心となって検討するのが一般的だろう。その上でその結果を経営層や経営企画部門と連携し、全社としていかに共感演出力を高めていくかを議論する場を持つことが大切である。

「換装自在力」におけるアジェンダ化：組織・業務の共通化に向けた動きが進んでいるか検証する

換装自在力は、機動的に会社の人・組織、業務、システムを入れ替えやすくする力である。

「換装」つまり「入れ替え可能にする」には、まず、業務やシステムなどをモジュール（入れ替え可能な単位）に分解して認識し、その上で換装の要否を判断する必要がある。

そのためのアジェンダ化という観点では、まずモジュールが適切に分解されているかを確認することが挙げられる。例えば、経営層にとって「会社の分割や統合の検討」は、モジュールの単位の見直しから換装自在力を高めるために必要なアジェンダである。

次にモジュールを入れ替えるかの判断も重要なアジェンダである。これには、経営層が実施する「事業の売却・買収などの検討」から、変革プロジェクトのリーダーが実施する「システム更改の取り組みの進捗確認と遅延原因の追究」まで様々なアジェンダが含まれる。

換装自在力を議論する場は現場ではなく、経営層や業務改革チームなど、経営層のバックアップを受けた専門部隊が推進することが望ましいといえる。

「式年遷宮力」におけるアジェンダ化：日々変化を重ねるサイクルが回っているか検証する

式年遷宮力は、仕組みとして、定期的に変化に向き合い、絶えず変化に取り組む力である。人事制度や社内システムなどにおいて、長年変化していないものを定期的にピックアップすることで、例えば「働き手の価値観の変化に合わせて従業員の評価体系・報酬制度も変えなければいけない」などの議論が行える。変化から逃げずに向き合うためにも、こうした場を意図的に設定しておくことが肝要だといえる。

組織や制度は、外部環境に合わせて変える必要がある。そのため、例えば経営層が定期的に異動し、経営に必要な様々な領域の経験を積んでいるかを検証する。また経営層が在任期間中に何かを変化させる行動を取ったかを観察し、評価する。こうしたテーマがアジェンダの例として挙げられる。変革を実現するサイクルが回っていなければ、その原因を追究し、改善する必要がある。例えば、式年遷宮力を実現する前提にある換装自在力が十分に備わっていないため、組織再編や人事異動を図ろうにも実現が難しくなっているといったことが考えられる。

議論を取り仕切る主体としては、組織・人事制度に関するテーマが中心であれば、人事部門、基盤システムに関するテーマであれば、情報システム部門が担う形が想定される。

ただし留意点として、こうした日々の業務を担当している部署は、業務に精通している半面、現状維持の力学が働きやすく、抜本的な変化を起こすことが難しい面もある。そのため第三者として客観的に検証する意味も込めて、他部門が議論を取り仕切る役割を担うのも手である。

以上、アジェンダ化についてクロスフォースを基に説明した。具体的にまず何からスタートすればよいか、アジェンダ化の議論を実際に行う上で取り組みやすい会議に関するツールを2つ紹介する。

経営層が参加する少人数の会議を実施する
具体ツール1：車座／想定主管部署：経営企画部

まず、経営層が参加する会議体の形として「車座」を紹介する。車座とは一般的に官庁や自治体の担当者が地域住民と対話する場を持ち、施策立案や実行について率直に意見交換をする場として利用される。この枠組みは企業向けにも用いることが可能であり、例えば本書で事例を取り上げているオムロンは、社長が従業員と対話をする場として「社長車座」を開催している。メソッド「①未来志向力」に関するアジェンダを例えば車座の形で非公式に取り上げ、従業員も交えて意見交換する場を持つ方法がある。

車座を開催する想定主管部署は経営企画部門が考えられるが、主役はあくまで車座の参加者である。そのため経営企画部門は参加者の調整と意見交換をしやすい場作りをするサポート役に徹することが望ましい。

部門横断でミドルリーダーが集う会議を実施する
具体ツール2：ミドルリーダー会議／想定主管部署：テーマに応じる

次に中間管理職に相当する現場のミドルリーダーが部門横断で集まる会議の開催が挙げられる。アジェンダ化で扱うテーマは想定主管部署として経営企画部門が担当するものが多いが、実際の実務に落としていく際にはミドルリーダーの協力を得ることが不可欠となる。しかし、多くの日本企業では役員レベルは機会があっても、ミドルリーダーが部門横断で議論をする場は少ない。そのため、経営層が意思決定した内容でも部門を横断した取り組みが求められると途端に難航するケースが散見される。また部門横断で議論する機会が少ないため、各部門で共通した課題がシェアされずに別々に解決策を考える非効率が生じてしまうケースも多い。

ここで紹介するミドルリーダー会議はこうした事態を予防するため、組織の壁を越えて

[図表3-19] 4つの力におけるアジェンダと想定主管部署

	アジェンダ	検討主体
未来志向力	●未来年表などで策定した内容を振り返る ●上記を経営計画（中計など）へ反映する	●経営企画部門
式年遷宮力	●定期的に何を変えるかを決める ●変えると決めたものが実際に変わっているかをモニタリングする。変わらない原因を追究する	●テーマごとに配置（人事・ITなど） ●もしくはテーマ横断で専門のチームを設置する
換装自在力	●入れ替えやすい形でモジュールの単位を決める ●モジュールを入れ替えるかを決める（例：事業売却、買収などの判断）	●経営層直轄の変革チーム
共感演出力	●時代の変化に即したビジョンか検証する ●従業員へのビジョンの浸透度合いを測定する	●調査・情報収集は人事部門 ●施策の検討は経営層・経営企画と連携する

日常的にミドルリーダーが意見交換をし、関係を構築していくことを目的としている。テーマは式年遷宮力のアジェンダ化で取り上げた人事異動や組織再編、換装自在力のアジェンダ化で取り上げた業務改革が挙げられる。具体例として例えば、各部門の人事機能を担当する管理職が集まり、直面している課題の確認や必要な人員要件リストの共有、異動させたい従業員リストを共有し、マッチングを図る会議を設けることが挙げられる。

ミドルリーダー会議の想定主管部署は扱うテーマによって異なるが、例えばここで紹介したように人材系のテーマであれば人事部門が考えられる。

⑤タスクベース化
やり切るタスクを明文化して誰がいつ実行するかで管理する

仕事の進め方を業務時間ベースからタスクベースへ変える

日常的に変化し続ける企業が中長期的に見て競争優位に立てる。しかし、多くの日本企業では変革をやり抜く力が不足している。変化を積み重ね変革をやり抜くには、日本企業の従来型の仕事の進め方から変える必要がある。

日本企業の従来型の仕事の進め方とは、共通の価値観を持つ暗黙知の集団が、担当を決めず皆で同じ問題を考え、時間で成果を測る「業務時間ベース」方式である。対して、変化を積み重ね変革をやり抜くには、チームでゴールを共有し、細分化されたタスクに落として分担し、短いサイクルで成果を確認する「タスクベース」の仕事の進め方が求められる。

仕事の進め方が業務時間ベースからタスクベースに変われば、一つのゴールに向かって、複数人が共通認識を持って、変革を促す日常業務を進められる。これは組織が年功序列・終身雇用のピラミッド型から個人が緩い形でつながるネットワーク型へと移行する変化に

［図表3-20］7つのメソッド：⑤タスクベース化

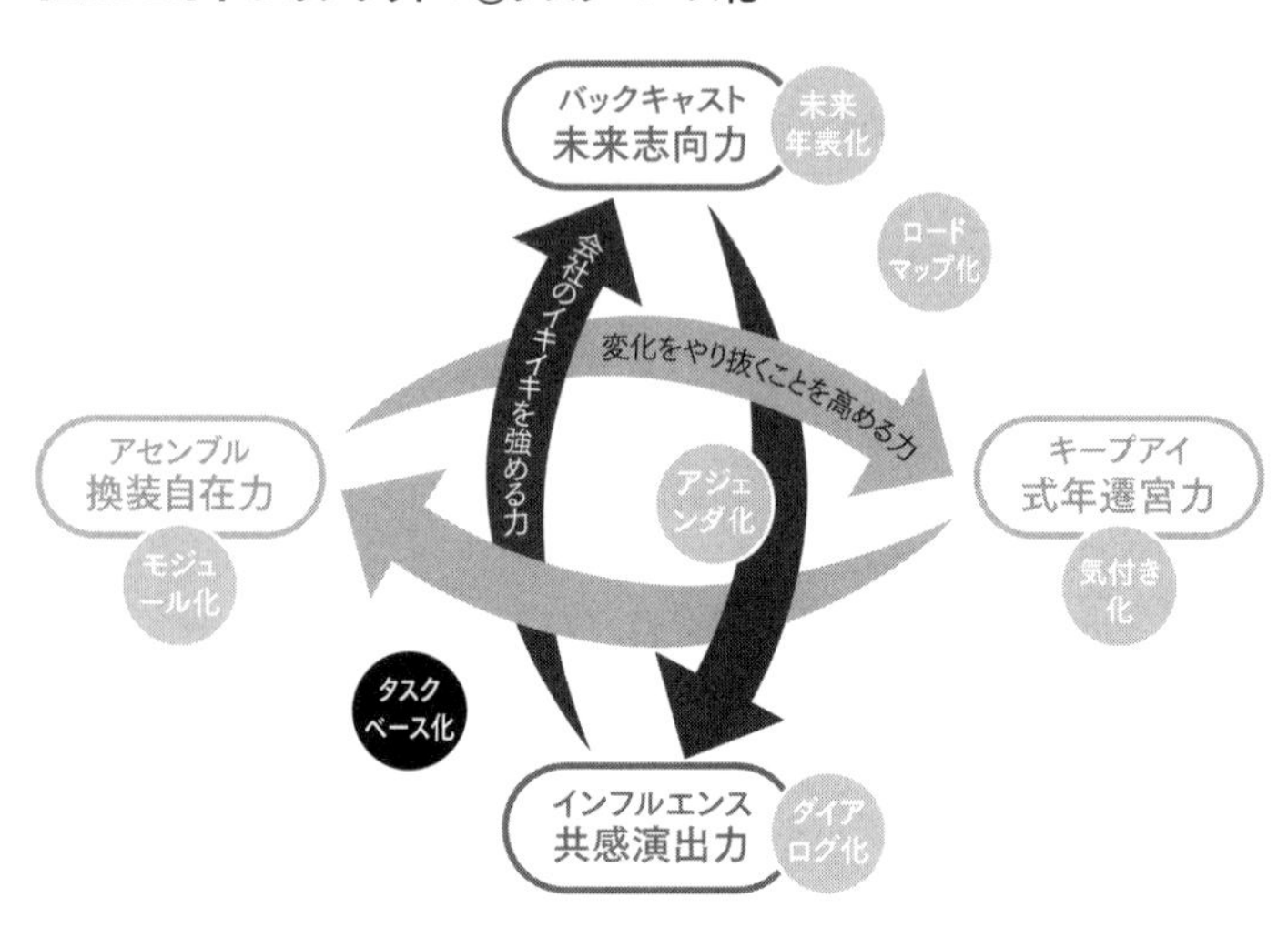

も合致しており、テレワークの時代の働き方としても現実的である。

「変化を積み重ね変革をやり抜く仕事の進め方」を実現するメソッドとして、タスクベース化を説明する。

チームでゴールを共有し、短いサイクルでタスクを回す

業務時間ベースの仕事の進め方は、担当を決めず皆で同じ問題を考えるものであり、担当者が同じ空間にいて、いつでもコミュニケーションを取れる形でないと成り立たない。近年のリモート環境で、業務時間ベースの生産性の低さが露呈したといえる。今後、業務時間ベースの仕事の進め方は成り立たなくなる。

［図表3-21］業務時間ベースとタスクベースの対比

業務時間ベース（日本企業の従来型の仕事の進め方）	タスクベース（変化を積み重ね変革をやり抜く仕事の進め方）
共通の価値観を持つ暗黙知の集団	チームでゴールを共有
担当を決めず、皆で同じ問題を考える	細分化されたタスクに落とし、分担する
時間で成果を測る	短いサイクルで成果を確認

タスクベースの仕事の進め方は、具体的なゴールを共有し、ゴールに到達するまでのタスクを切り分担する。その上で、短いサイクルでタスクの確認を行い、小まめにゴールを認識し合うことで、ゴールとタスクが乖離することを防ぐ。

例えば米国のある企業ではチームメンバー全員が米国各地に点在して共通の仕事をしている。当然、対面で直接コミュニケーションを取ることは地理的に難しい。その中でこの企業では、ほぼ毎日、何をどう実行するかを記したタスクの確認と実行した結果の振り返りをする短いセッションを設けている。このセッションにより、暗黙知に頼らず、認識の齟齬を減らしている。同時に短いサイクルで仕事を回すことで、失敗と経験の学習量をチームで増やしている。

この進め方は、いわゆるマイクロマネジメントとは異なり、メンバーの日々の行動をきめ細かくチェックすることが目的ではなく、常にゴールを共有し同じ方向に向かって仕事が進められるように目線を一致させることを目的としている。言い換えるとリーダーに求められるのはマネージャーとしての管理者の役割ではなく、ゴールを打ち出し、ゴールに向けての道筋を描く役割である。こうしたセッションを重ね、変革のゴールに向かって、チームをまとめられると同時に振り返りを小まめに行うことで、失敗からの学習量を増やせる効果もある。

以上、タスクベース化の考え方について説明した。これを踏まえ、実行する上で役に立つツールを2つ説明する。

タスク管理とコミュニケーションを効率化する具体ツール1：デジタルツールの活用／想定主管部署：情報システム部

デジタルツールは大きく、タスク管理ツールとコミュニケーションツールに分けられる。タスク管理ツールでは、例えばBacklogが挙げられる。Backlogは、プロジェクトで発生するタスクや課題、To doなどの進捗状況をWeb上で一括管理できるプロジェクト管理ツールである。直感的で、エンジニアでなくとも誰でも使いやすいことが特徴である。

タスクベースの進め方に変えるには、タスクを細分化し、短サイクルで進捗管理を行う必要がある。タスクベースでの仕事の設計・進捗管理の方法において重要な点は、タスクの責任者と期限が明確化されていることである。責任者を明確化する際には、複数名ではなく1名にすることがポイントである。日本企業では責任を曖昧化させる傾向にあるため、この点は意識的に設定することが大切である。また、設定するタスクはその責任者が実行しやすいように細分化し、内容も解釈が分かれるものや実行が難しいものにしないことがポイントである。

またコミュニケーションツールではTeamsやSlack、Mattermostが挙げられる。SlackはグループチャットÅ、1対1のメッセージング（Direct Message）、音声通話をWebサービスとして提供しているサービスである。Slackの特徴として外部ツール連携がしやすいことが挙げられる。またMattermostはSlackの代替として使われることが多く、Slackと類似の機能を有する。

Teamsはマイクロソフトが提供しているOffice 365ビジネスユーザー向けグループウエアで、SlackやMattermostのようにグループチャットや音声通話機能を備えていることに加えて、アップロードされたファイルの編集機能も有していることからタスク管理ツールとコミュニケーションツールの両機能を備えている点が特徴である。TeamsはMicrosoft製品を標準ツールとして使用している日本企業の多くで取り入れられている。

こうしたデジタルツールを活用することで、チーム内でのコミュニケーションのハードルを下げ、日常的にタスクの確認や振り返りを行える環境を整えることが、生産性向上を実現するために必須だといえる。どのデジタルツールを利用するにしても、ゴールを共有し、チーム内でのコミュニケーションの密度を上げることにいかに寄与させられるかが肝要であるといえる。

また逆説的ではあるが、デジタルツールを導入することで、コミュニケーションの形を変え、仕事の進め方への意識を変えるという考え方もあり得る。こうしたデジタルツールが定着すれば、全員の日程を調整し、会議室に集まって、長時間議論するという従来の業務時間ベースの進め方から、いつでもどこでも気軽に打ち合わせの場を持ち、ゴールとタスクの認識を合わせるタスクベースの働き方を実現できる。

デジタルツール上に日々のナレッジを共有する場を設定する
具体ツール2：ナレッジ共有化／想定主管部署：情報システム部

具体ツール1でデジタルツールを活用した仕事の進め方を紹介したが、全社単位でなくともある部署や個人単位でツールを導入し、創意工夫を重ねて仕事を進めているケースは存在する。そのようなケースにおいては、各所で蓄積しているナレッジを共有し、全社へ展開していくことが仕事の進め方を合わせ、業務効率化を図るポイントである。

ナレッジ共有の方法として、共有のための会議を開催したり、メールで資料を紹介したりする従来型の方法も存在するが、ここではデジタルツール上にナレッジ共有のチャネルを開設し、その場で情報交換する方法を推奨したい。

そのためには情報システム部門のように全社のシステム導入に責任を負っている部署が主導で、導入するツールを共通化し、そのツールに全ての社員が参加する形にすることが第一である。その上で、部署横断でナレッジを共有するチャネルを開設し、気軽にTipsを投稿しやすい場を設定することでナレッジ共有しやすい環境を整える。

デジタルツール上でナレッジ共有を図ることは、本書で紹介している変革永続力の観点からもメリットがある。それは日々の小さな気づきや変化を試みた結果の成功や失敗の経験を手軽に共有しやすい点にある。変革永続力においては日々どれだけ変化を重ねられるかが大切であり、デジタルツールの活用はその一助になる。

⑥モジュール化
会社の仕組み・人材・業務・システムを入れ替えやすい形にする

全体をコーディネートする仕組みを構築する

〝モジュール〟とは一般的に機械やシステムの構成要素で、それ単体でも機能し、なおか

［図表3-22］7つのメソッド：⑥モジュール化

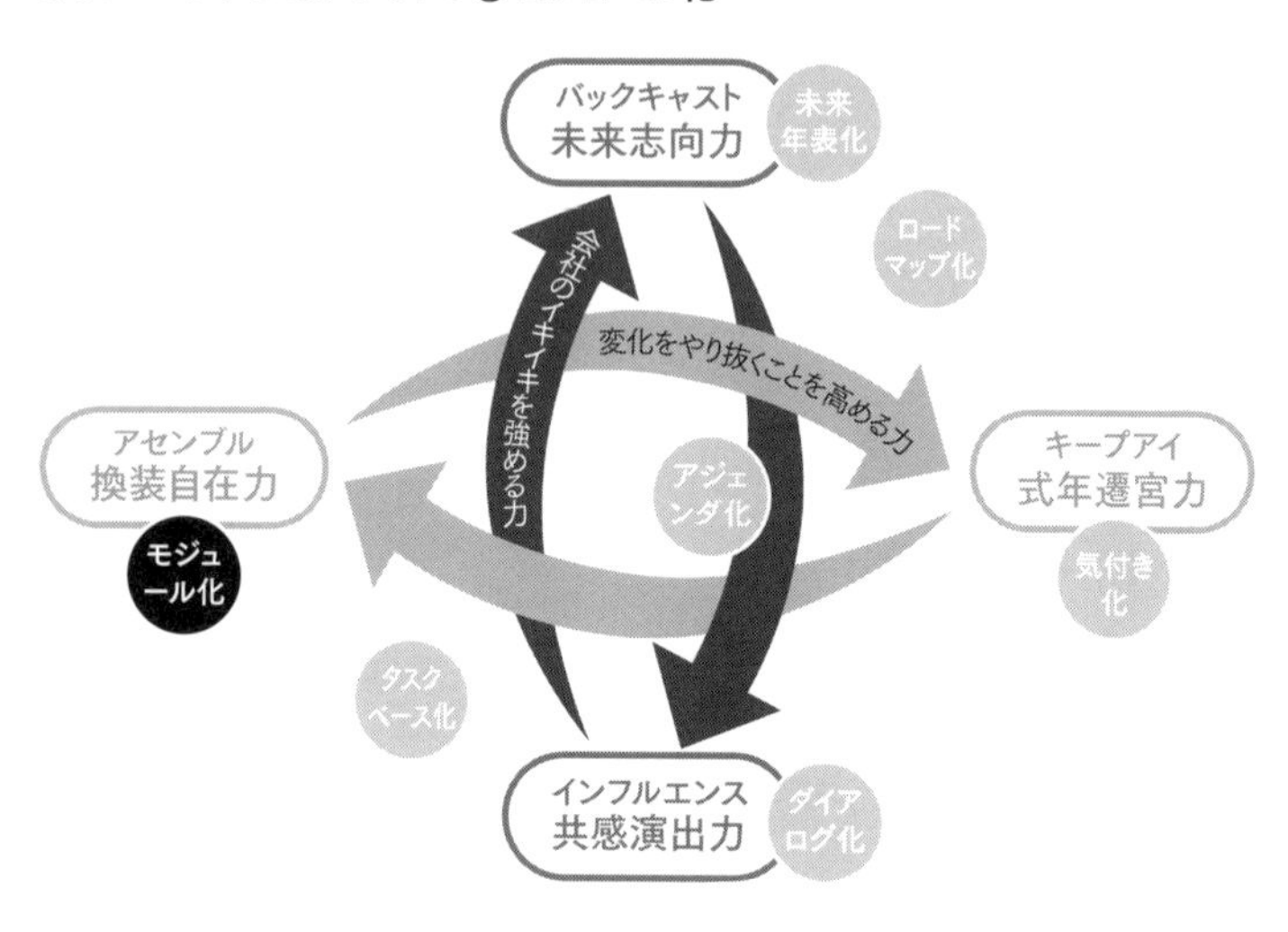

つ他と交換可能な単位のことを示す。

例えば自動車であれば、コクピットやエンジンルームなどのモジュールから構成されており、異なる車種であっても一部のモジュールを共通化することで、全体の効率性を高めている。そして、全体をモジュールに分けて捉えることで、モジュールの単位で改良を検討することができるため、より高速・高頻度で車両を変化・改善することにもつながっている。

モジュール化とは、社内リソースや会社内部の経営の仕組みをモジュールとして捉えることで、変革しやすい企業体質を作っていくことである。

モジュール化により変革しやすい企業体質を作っていくには、大きく3つのポイントがある。以下では、業務のモジュール化における例とともに、そのポイントを説明する。

1つ目のポイントは、モジュール化の単位を定義することである。経営層が意識するモジュールの単位と現場担当者が意識するモジュールの単位は異なるため、目的や階層に合わせたモジュールの単位を定義する必要がある。

例えば業務のモジュール化により業務効率化やより変化しやすい業務体制作りを行う際には、「作業レベルではなく一つのアウトプットを作成するための業務の塊であること」なおかつ「複数の人や部署で共通の業務の塊を括り出せること」などを意識して、業務のモジュール化の単位を定義する。このような単位で業務をモジュールとして管理することで、業務のやり方を変更する場合の影響範囲を特定することが容易になり、より柔軟に業務変更の意思決定ができるようになる。また、モジュール単位での業務の集約化など、より大きな意思決定も行いやすくなる。

2つ目のポイントは、モジュール間のインターフェースを定義することである。これは、モジュールとモジュールをどのようにつなげるかを定めることであり、後続のモジュールに引き渡すためのアウトプットを厳密に定めることに等しい。例えば、業務のモジュール化の場合、インターフェースの定義とは後続の業務で必要なインプットを踏まえて、業務のアウトプットを厳密に定めることである。似たような業務の帳票の様式を統一することや、システムにベタ打ちしていた内容から共通の項目を括り出し選択式で入力できるようにするといったことはその一例である。

3つ目のポイントは、モジュールが機能するための全体のコーディネーションの仕組みを構築することである。モジュール化により変革しやすい企業体質を作るためには、モジュールの単位やインターフェースの定義を整えるだけでは不十分であり、実際に適切にモジュールの組み替えや、モジュール単位の改善が行われるような仕組みを構築する必要がある。

例えば、各モジュールの状態の可視化や、可視化した結果を基に改善を企画する会議体の設定、あるいはモジュールの組み替えを促すインセンティブ制度の設計などである。このような仕組みを整備し、モジュールを用いた改善が永続するように全体をコーディネーションする必要がある。

会社の単位を適切に設定し、意思決定・変化のスピードを上げる
具体ツール1：持株会社化・子会社設立／想定主管部署：取締役会・CSOなど

モジュール化を考える際の最も大きい単位は〝会社〟である。「持株会社化」や「子会社設立」は会社の単位を適切に設定することであり、われわれはこれらを企業（グループ）

のトップが検討する最も大きい単位でのモジュール化の方法と考えている。

一般的に、事業部間や部署間で実施する企業内取引はその内容が曖昧なままで進むことも多い。これは、事業部間のインターフェースが不明瞭な状態である。しかし、「持株会社化」や「子会社設立」を実施した場合、これらの企業内取引が契約を伴う一般的な商取引として外部化される。そのため、従来曖昧だった事業部間や部署間の取引が契約（＝費用と効果を示すもの）という明確なインターフェースを持つことになる。

このような会社単位のモジュール化が変革につながる例として、IT部門の情報子会社化によりIT機能をモジュール化する場合を示す。

一般に会社を分離することで、情報子会社自身により強く収益説明責任が求められるようになるため、コスト削減などのIT機能というモジュールの改善活動につながりやすくなる。また、親会社の立場からは、開発の内容に合わせて情報子会社ではなく、より専門性の高い、あるいはより安い外部のシステム会社（＝モジュール）を活用するといった判断を実施しやすくなる。

さらに、情報子会社が担っているシステムが競争力の源泉になるようなものではない場合、他社の情報子会社と統合し効率性を向上するなど、モジュールの改善を経営的な視座から行う意思決定も取りやすくすることができる。

［図表3-23］一般的な持株会社移行の目的と変革永続力の関係

一般的な持株会社移行の目的	変革永続力への寄与
グループ戦略・シナジーの追求 グループ資源の最適配分及びグループ子会社間の連携促進を持株会社がリードし、グループ全体の企業価値向上を図る	事業単位での換装など経営判断としてグループ全体最適の観点から変革の意思決定が行いやすくなる
事業再編の機動性・柔軟性の拡充 純粋持株会社というプラットフォームのもとに、各事業を位置づけることで、新規事業の立ち上げやM&Aや提携、事業の売却などを機動的かつ柔軟に実行	
経営責任の明確化 事業会社のミッションが明確になるため、損益責任だけでなく、資本効率責任も含めた事業会社の責任が明確になる	事業単位で責任・裁量が明確になるため変革を行う動機の向上や変革の意思決定の推進が期待できる
権限委譲によるスピード経営の実現 事業運営に関する権限をグループ子会社に委譲することで、各事業の運営スピード競争力を強化	
事業環境に適した人事・労務制度の構築 事業会社の特性（地域や職種、事業成熟度）に応じた制度の構築により、効率化とモチベーションの向上が期待できる	
ガバナンス体制強化・法令対応 経営機能・監査機能を独立させ、グループ全体のコンプライアンス徹底を図る	－
親子の歪みの解消 企業価値の高い上場子会社を株式移転、または、株式交換＋会社分割により取り込み、グループ一体の経営へ移行	
緩やかな統合 経営統合にあたり、共同持株会社を設立して（一時的に）資本統合を作り、その後段階的に事業統合を進める	

これらのメリットは持株会社移行の場合も概ね同様で、事業会社単位での改善効率の向上や、事業単位での提携あるいは売却統合といったグループの全体最適につながる意思決定がしやすくなる効果が期待できる。

ただし、「持株会社化」や「子会社設立」により会社の単位を適切に設定すれば、すぐに変革永続力が高まるというものではない。先に挙げた「全体のコーディネーション」の仕組みとして、持株会社化移行や子会社設立の目的を明確化し、社員に伝え、会社間の連携の仕組みを緻密に設計することが求められる。ただし、これらは「持株会社化」や「子会社設立」そのものの進め方のエッセンスでもあるため、詳細は本書では扱わない。

「持株会社化」や「子会社設立」は経営戦略と密接に関わっており、変革永続力の観点のみから検討されるものではない。しかし、経営層が企業の変革し続ける力を高めるという観点で、会社の単位のあり方について考えをめぐらせることは有用であると考えている。

ポジションごとに求められるスキルを定義した上で人員を配置・交換する
具体ツール2：スキル要件表・人材マップ／想定主管部署：人事部

企業の重要なリソースである〝人〟をモジュール化する方法として、スキル要件表・人材マップの活用を紹介する。

スキル要件表とは、企業内で求められるスキルを組織内のポジションごとに定義したものである。ここでいうスキルとは例えば、特定の商品知識や分析・統計手法の理解といった専門性に関するものから、社内システム・契約手続きに関する理解といった基礎的なもの、チーム運営意識といったマネジメントに関するものなど様々である。

スキル要件表を作成するためには、まずこれらのスキルを洗い出し、スキル有無の判定方法を定める必要がある。そして、これらのスキルを「年次などの基準で共通で求められるもの」「部署によって求められるもの」「一定の管理職以上に求められるもの」などに分類し、組織内のポジションごとに求められるスキルを整理することで、スキル要件表が作成される。

人材マップとは、各社員についてスキル要件表に記載されたスキルの有無を判定し、各ポジションに必要なスキルを満たす社員の人数やその一覧、個別の社員の詳細なスキルセットを参照できるようにしたものである。各社員のスキルの有無の判定は、上長との面談や社内認定制度などを用い、半期ごとなど定期的に見直すことが一般的である。

人事担当者はスキル要件表と人材マップを照らし合わせることで、人をモジュールとして捉え組織内での適切な配置転換を検討することができる。また、これらのツールを基に組織に不足するスキルを把握することで、そのスキルを持つ人材を確保するための育成・

［図表3-24］スキル要件表の例

コンピテンシー分類				スキル要件			修得の目安	
NO.	大分類NO.	NO.	小分類NO.	NO.	スキル分類	スキル内容	初級職	中級職
000	基本事項	010	理念浸透	011	企業理念「○○」の理解	企業理念「○○」とは何かを理解している。○○に基づく行動指針を知っている。	1	
						実務面で、プロジェクトの付加価値、稼働の概念を知っている。	1	
		020	ビジネス基本動作	021	レジリエンス・自己回復力	任された仕事は、自分なりのこだわりを持ち、最後までやり抜くことができる。		2
						労務時間上限を鑑みて適切に上長に業務量を相談できる。	1	
						基本動作が身についている（公共の場所で顧客情報を出さない、資料を紛失しない、情報をセキュリティ環境下から持ち出さない）。		2
		:	:	:	:	:	1	
100	業務遂行能力	110	ミーティングマネジメント	111	ミーティング準備	社内外に対する適切な連絡方法を選択し、確実な方法でセキュアーに連絡をすることができる。	1	
						会議とは何か（目的・アジェンダ設定・メンバー招集・資料準備・ファシリテーション）を理解し、社内会議を設定できる。	1	
						社内外の会議（委員会・研修・イベント）に向けた、一連の案内・手配・準備を設計し、実践できる。	1	
				112	ミーティングへの参加	社内外の会議・打ち合わせで目的・アジェンダをあらかじめ理解し、意見・提案を準備の上、積極的に発言する。反論する場合には、代替案を必ず提示する。	1	
						社内外の会議で、率先して、ホワイトボードの板書ができる。	1	
						目的に合った議事録タイプを選択でき、社内・社外で閲覧する議事録を作成できる。	1	
		120	分析力	121	基礎的な分析力	分析の基礎的なフレームワークを知っており、必要に応じて選択し、適用できる。	1	
						メッセージをサポートするのに最適な数値指標、グラフ、表などが選択でき、作成できる。	1	
						自身の行った分析の背景にあるロジック、数字の意味合い・構造を的確に説明できる。	1	
				122	統計・数理モデル	記述統計（分布・平均・分散・標準偏差・各種平均・相関）、推測統計（回帰分析など）を理解している。記述統計を用いて適切に分析できる。	1	
						機械学習（教師あり・教師なし）などを理解している。		2
		:	:	:	:	:	1	
300	マネジメント能力	310	社内連携	311	社内の人的ネットワーキング	インタビューや助言を目的として、周囲の助言を基にライトパーソンにたどり着くことができる。	1	
						フォーマル・カジュアルな交流機会を活用し、いつでも相談・お願いのできる人的ネットワークを構築できる。	1	
				312	社外の人的ネットワーキング	ライトパーソンのロングリストを作成し、適切なアプローチ方法によりアポイントを取得し、インタビューを実践できる。		2
						外部の識者と継続的にコミュニケーションできる状況を維持するための基本動作を身につけている（内容確認、お礼状送付など）。	1	
		320	プロジェクト管理	321	契約実務	プロジェクトの仕様書・契約書の内容を理解できる。顧客との間で、トラブルの発生が想定される場合に、管理部門に相談できる。		2
						契約に係る一連の事務手続きを理解し、手続きを依頼・処理することができる。	1	
						:	1	

採用戦略を検討することができる。

業務フローの作成方法を統一し、現場での業務のモジュール化を推進する
具体ツール3：業務フロー作成キット／想定主管部署：業務企画部・業務管理部

会社の業務をモジュール化して管理するためのツールとして、業務フロー作成キットを紹介する。業務フローやマニュアルの整備は、業務をモジュール化して管理するために必要である。

しかし、多くの企業ではこれらが各現場でバラバラに作成・管理されており、業務フローやマニュアルが会社にあったとしても、それが部門を横断して業務をモジュールとして管理することにつながっているケースは少ない。

作成者により記載する項目や記載の粒度が異なると、これらのドキュメントを一元的に管理することが難しく、メンテナンス性も低くなるため、業務フローやマニュアルが更新されずに放置されることも多い。このようなことを防ぎ、業務をモジュールとして管理し、部門間での比較や共通業務の括り出しを可能にするためには、全社で業務フローの書き方に関する統一のルールを整備することが必要となる。

このような業務を整理する際の全社統一的なルールを定めたものを、業務フロー作成キ

[図表3-25] **業務フロー作成キットの一覧**

資料名	概要
①業務フロー作成の標準手順	業務フロー作成ためのインタビュー方法や作成物の承認プロセスなど業務フローを"書く"前後を含めて、業務フロー作成の手順を示したもの
②業務フロー記載ルールマニュアル	業務フローを記載する際の矢印、オブジェクトなど業務フローのフォーマットや業務フローの種類・記載ルールをマニュアル化したもの
③業務一覧	存在する業務（大項目～最小項目）を一表で整理し、各業務の定義を記載したもの
④業務主体一覧	業務に関わる主体者（登場人物）を一表化したもの
⑤業務フローレベル1	業務フローのレベル1の記載のベースとなるフォーマット
⑥業務フローレベル2	業務フローのレベル2の記載のベースとなるフォーマット
⑦業務フローレベル3	業務フローのレベル3の記載のベースとなるフォーマット

ットと呼ぶ。業務フロー作成キットは図表3－25の要素から構成される。

業務フロー作成キットには、業務フローのサンプルや書き方のマニュアルだけでなく、業務フローを作成するための情報収集の方法や作成した業務フローの承認プロセスなども含まれており、どの部署で誰が業務フローを作成しても同程度の品質のものが作られるように工夫されている。また、社内業務一覧として業務を階層（一般的には3階層程度）に分けて整理することで、部門間での共通業務の括り出しや一部の業務を変更した場合の影響範囲の洗い出しを効率的に実施できるようにしている。

業務の階層設計にはコツが必要だが、一度階層構造を作ってしまえば、それ以降のメンテナンスでは他の業務の記載方法を参考に現場でも運用が可能である。そのため、初めて業務フロー作成キットを整備する際だけ業務コンサルタントなどの専門家を活用し、その後は社内で主管部署を定め管理するといった運用方法が考えられる。

⑦ダイアログ化
会社が大事にすることを何度も繰り返し伝えて自分事にさせる

ダイアログ化で従業員の共感と実践行動を促進する

ダイアログ化とは、〝共感〟を生み出すために従業員との対話を深めていくメソッドである。会社の大切にするありたい姿・目指す幸せの姿を従業員に浸透させ、共感を生むことにより、従業員の力を最大化することが可能となる。

第2章の共感演出力で、共感を演出するためのコミュニケーション頻度の重要性について述べたが、共感演出力を高めるには、頻度高くコミュニケーションを図る工夫が求めら

［図表3-26］7つのメソッド：⑦ダイアログ化

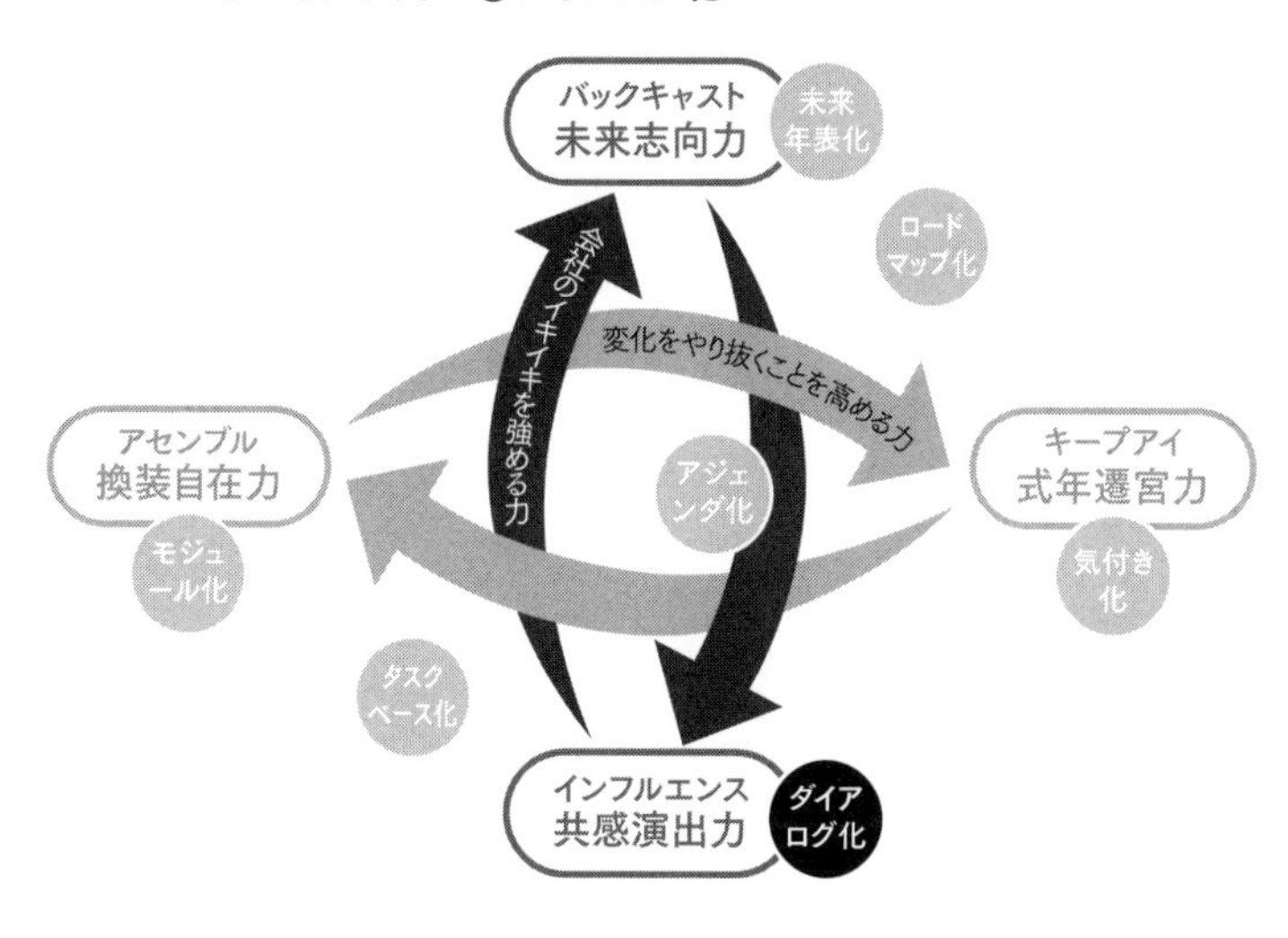

れる。

ダイアログ化を通じて、従業員に絶えず重要なメッセージを伝えていき、従業員の共感と実践行動を促進していく必要がある。多様なメディアを組み合わせながら、複数のコミュニケーションルートを駆使して従業員の感情を動かすアプローチを取り入れることが重要になる。

本節で、ダイアログ化の要件・ツールを紹介する。

対面・非対面メディアで情報を伝える

従業員と接点を持つことのできるコミュニケーションメディアには、対面メディアと非対面メディアが存在する。図表3－27によると、選択するメディアによって、コ

[図表3-27] 対面・非対面メディアのメリット・デメリット

メディアの種類	例	メリット	デメリット
対面	・説明会 ・MTG ・ワークショップ ・（リモート会議）	・言語情報以外の聴覚情報・視覚情報も伝えることができる	・一度にコミュニケーションできる社員が限られる ・主管部署の負担が比較的大きい
非対面	・イントラネット ・社内SNS ・メール ・社内報 ・携帯用カード ・ポスター・チラシ	・一度に多くの社員との接点を創出できる ・主管部署の負担が比較的小さい	・文字情報を中心とした言語情報に限定される

ミュニケーションのターゲットとなる従業員は異なるため、一種類のコミュニケーションメディアで全ての従業員に伝えていくことは難しい。例えば、イントラネットなどの選択されたメディアによっては全従業員がアクセスできないためである。全従業員に網羅的に伝えていくためには、対面メディアと非対面メディアを組み合わせながらコミュニケーションすることが有効である。

対面メディアによるコミュニケーションは、言語情報に留まらず聴覚情報や視覚情報も含めて多くの情報により影響を与えることができる。一度に対話できる従業員が限られ、主管部署の運営負担は大きいが、ダイアログ化において熱のこもった対話を生み出すためには、対面メディアによるコミュニケーションを積極的に組み入れていくことが重要である。

非対面メディアによるコミュニケーションは、主管部署の負担を比較的抑えることができ、一度に多くの従業員との接点を創出できる。一方で、文字情報を中心とした言語情報に留まり、コミュニケーションの影響力は限定的である。米国の心理学者アルバート・メラビアン氏が提唱した法則[*13]に則れば、対面のコミュニケーションに比べて、非対面のコミュニケーションで伝わる度合いは10分の1程度しかない。非対面のダイアログのみでは思いを伝え切ることは難しい。

テレワークが広がる中、対面メディアによるコミュニケーション機会は今後限られていくことが考えられる。リモート会議は対面コミュニケーションになると考えられるが、コミュニケーションから得られる情報量は減少してしまう。共感演出力を高めるためには、「⑤タスクベース化」で紹介したコミュニケーションツールの組み合わせで、情報量を担保することが重要になる。

複数のコミュニケーションルートで従業員の感情を動かす

ダイアログには、①経営トップから従業員への対話、②従業員から経営トップへの対話、③職場内での対話、の3つのコミュニケーションルートがある。図表3－28によればそれ

［図表3-28］会社組織におけるコミュニケーションルート

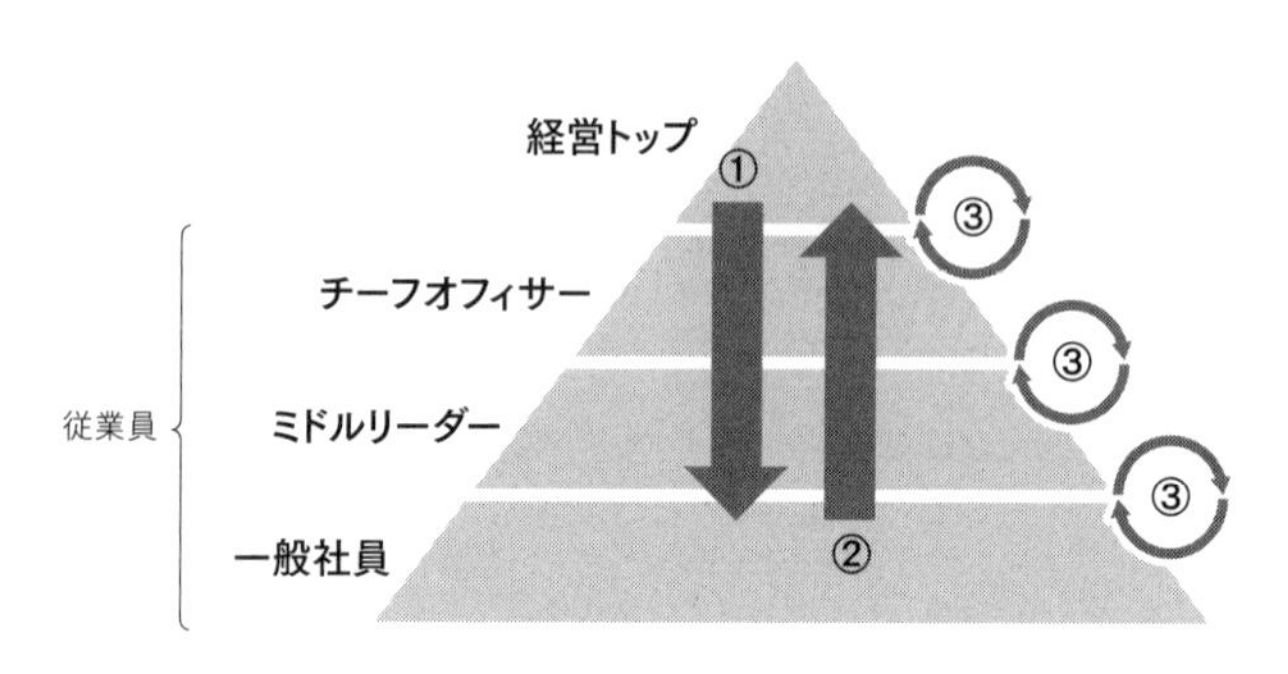

それに利点があるため、いずれのダイアログも取り入れながらコミュニケーションを増やしていくことが有効だ。

①経営トップから従業員への対話では、会社の思いを経営トップ自らの言葉で直接的に伝えられるため誤解なく伝えることができるとともに、従業員は経営トップに対する関心は高いため、従業員に与える感情へのインパクトが大きい。

②従業員から経営トップへの対話は、会社内の組織階層がある以上、自然には生まれづらいが、意図的に引き出すことで、従業員に自ら考えさせて自分事化させる効果がある。

③職場内での対話については、最も身近なコミュニケーションであり、相手との信頼関係が築けていることや、共通言語が多く存在することにより、対話の内容を率直に受け止められやすい。

以降、3つのコミュニケーションルートを想定した具体ツールを3つ紹介する。

経営トップから従業員への直接的な対話を創出する
具体ツール1：パネルディスカッション／想定主管部署：広報部・変革チーム

経営トップは、末端の従業員ほど遠い存在である。その分、直接的なコミュニケーションの効果は絶大であり、トップ自らの言葉で思いを伝えることの影響度は大きい。

経営トップとの対話の場は様々考えられる。一般的な説明会形式やタウンホールミーティングでも「伝える」ことは可能ではあるが、参加させることでより感情を動かし共感につながる具体的なツールとして、パネルディスカッションを紹介する。

パネルディスカッションとは、討論に加わる数名の話し手であるパネリストと、討議をまとめる司会役であるコーディネーターによってディスカッション形式で実施される。あらかじめ用意された議論テーマに基づいて、パネリストたちが意見を交わしていく。

例えば議論テーマとは、ありたい姿が想定される。経営トップからありたい姿を単に説明するだけではなく、チーフオフィサーなどもパネリストとして、ありたい姿に対する考え方や各事業部の取り組みを語るような形式である。

説明会のような、常に一方的に説明し、形式的な質疑応答が設けられているだけの会議では、自由に意見を言えない雰囲気があり対話は生まれづらい。一方、パネルディスカッションでは、事前に従業員からの質問事項を集めておき、質問に回答する形式で、経営トップを中心とした複数の話し手が意見交換しながら伝え、一方的な説明にならないように工夫することで、参加型の価値ある対話を生み出すことができる。

このトップと従業員の対話において重要となるのは、対話やメッセージを発する手法そのものや内容が、従業員の想定や予定調和をうまく裏切れるかである。「経営トップに何を話しても結局は変わらない」という気持ちが従業員の心証に深く刻まれている企業では、経営トップがいくらメッセージを発しても、従業員はその気にならない。

このような場合、従業員が経営トップに伝えた内容を経営施策としてすぐに打ち出したり、これまでと違う動きをわかりやすく示したりする演出が大切になる。それが従来の「言っても変わらない」という予定調和を崩し、経営トップの言葉を「聴く」素地が従業員に芽生え、メッセージが伝わりやすくなる。

従業員の自由な意見を引き出し自分事化させる具体ツール2：ワールドカフェ／想定主管部署：広報部・変革チーム

従業員に自由に意見を挙げてほしいと呼びかけても、日常業務の中で染みついた組織のヒエラルキーを超えて自由に意見することは簡単ではない。そのため対話においては、トップを起点とした一方的になりがちなコミュニケーションだけではなく、従業員から意見を引き出し、従業員に自ら考えさせて自分事化させることが重要である。

意見を引き出す具体的なツールとして、ワークショップのうちワールドカフェという手法を紹介したい。

ワールドカフェ[*14]とは、1995年にアニータ・ブラウン（Juanita Brown）氏とデイビッド・アイザックス（David Isaacs）氏によって提唱されたグループディスカッションの一形式である。「カフェ」のようなリラックスできる空間を用意し、そこに集った人々が自由に話し合うオープンなコミュニケーションを実施することで一人では思いつきもしなかった知恵やアイデアを創発させていく手法である。

この手法は、機能的な会議室ではなく自由でオープンな空間こそ主体性と創造性を高めることができるという思想に基づいている。

具体的な実施方法は、無作為に集まったメンバーでテーブルごとに話し合いながら、思いついたことを全員で模造紙に記載していく。一定時間が経過したら、ホスト以外がテーブルを移動し、話し合いを繰り返していく。グループでの話し合いでは、他の人の意見を否定しないことをルールとすることで、自分の意見が尊重されるという安全な環境において、相手の意見とのつながりを意識しながら自分の意見を伝えることができる。

その結果、あたかも集まった人間が全員で話し合っているかのような一体感を持つことができる点が特徴である。テーブルに、お菓子と飲み物を用意しておくことでさらにリラックスしながら進めていくことができる。この手法は、10人程度から100人以上まで活用できることも魅力である。

上意下達の文化が根付いているいわゆる日本企業において、本当に自発的な対話が引き出せるのか疑問の声が上がる場合もあるだろう。そのような際は、対話が止まった場合の質問事項を用意しておき、場の活気がなくなったらホストがその質問を投げかけるという準備も有効である。

また、「④アジェンダ化」で紹介した車座についても、従業員の意見を引き出す手段としては有効である。ただし、車座は参加可能な人数が非常に限定されるため、従業員の中でも次世代の経営者候補人材など人数をある程度制限して実施するのが現実的である。

職場内の上司部下関係において対話の場を設ける

具体ツール3：体験談の伝達／想定主管部署：各事業部門・変革チーム

経営トップからの直接的な対話と並行して、意識しなければならないのは直属の上司部下関係や所属チーム内においても、会社のありたい姿や戦略に関する対話の場を埋め込むことである。直属関係による対話とは、経営トップとチーフオフィサー、チーフオフィサーとミドルリーダー、ミドルリーダーと一般社員、会社内に存在する全ての直属関係においての対話を想定する。そのための具体的なツールとして体験談の伝達を紹介したい。

体験談の伝達とは、上司が部下に対して、自分自身の体験をベースとして、上司自らの言葉でありたい姿を伝えることである。例えば、上司の過去の経験において、ありたい姿を実現するために実施した行動や、ありたい姿を実現しようとしたが失敗した行動などを伝えることである。直属の上司と部下の関係においては、日常業務を通して前提となる共通言語や共通認識が共有できているため伝わりやすい。

また、近い関係にある上司の具体的な体験を通して語られる内容は、抽象的なありたい姿を具体化して理解することを助けるため聞き手に深い理解を促すことが期待できる。

上司の管理範囲が広い場合は、一度に伝達するよりも、ある程度人数を絞って複数回に分けて少人数で伝える方が一方的に伝えることに終始せず対話になりやすいため、有効である。

＊12　坂根正弘『言葉力が人を動かす』（東洋経済新報社）２０１２年2月24日
＊13　アルバート・メラビアン『Silent messages』１９７2年
＊14　アニータ・ブラウン、デイビッド・アイザックス、ワールド・カフェ・コミュニティ（著）、香取一昭、川口大輔（翻訳）『ワールド・カフェ』（ヒューマンバリュー）２００7年9月28日

第 4 章

プロモーターとしての外部機能の活用

1 変革永続力の試み

本章では、企業が外部プロモーターを使って変革永続力を高めニューノーマルカンパニーになるためのポイントを、ＮＲＩがこれまで支援を行ってきた事例を交えて紹介する。①では、証券会社とメーカーＸ社が変革永続力向上に取り組み始めた例を示す。②では変革永続力を高める取り組みに対するプロモーターの必要性と活用する際のポイントについて示す。③では大メーカーＹ社が外部プロモーターとしてＮＲＩを活用し、変革永続力向上のための活動を実現した例について示す。

①西村証券

変革の背景：より顧客本位な会社を目指すという社長の問題意識

西村証券は1940年に設立された、京都・滋賀に6店舗を構える従業員100名程度の証券会社である。2019年4月、3代目の社長から「従来取り組んでいる顧客満足度（CS）調査がマンネリ化していて、あまり有効に活用できていない気がするので、一度プロの目で見てほしい」という依頼があり話を伺った。すると、CS調査の枠に収まらない問題意識が次から次へと飛び出してきた。

「相場に張り付く株式営業から、投信の積み上げにシフトして十数年。手ごたえはあるものの道半ば」

「自社の取り組みよりも、手数料低下や顧客の高齢化などの環境変化のスピードの方が速く感じる」

「若手とベテランに二極化した組織人員構成。若手が会社や業界の将来に悲観しつつあるのではないか」

そこから、社長と何度か議論を重ねることで、社長の抱く変革のイメージを具体化していった。社長のイメージする変革、それはお客様に対する提供価値や従業員の意識を一から見つめ直し、西村証券を従来の証券会社とは異なるよりお客様本位な証券会社にするというものだった。一方で、社長と従業員の意識ギャップも大きく、社長の思いはやや空回りしているのではないかということが危惧された。

変革の第1歩：変革の必要性に関する共通理解の構築

まず、西村証券が変革の必要性を事実に基づき正しく理解するため、社内のデータ分析や社内インタビュー・顧客インタビューにより現状に関する共通理解の構築に取り組んだ。例えば、西村証券は顧客基盤の高齢化が進んでいることについては多くの従業員が問題として認識していたが、その重要性・緊急性については社内でも意見が異なっていた。データを基に、顧客の平均年齢が過去と比べてどの程度上がってきているのか、何もしない場合に何年後にどの程度のお客様が取引を停止しそうかなどを定量的に把握することで、変革の必要性に対する社内の共通理解を深めていった。

変革の第2歩：経営層の思い・意識合わせ

次に、社長をはじめとした経営層でワークショップを行った。ワークショップではまず、経営層各々の未来に対する思いを共有するため「10年後の世の中・会社・部署・自分の最高の状態はどのようなものか」について一人ひとりがその思いを言語化することから始めた。「10年後の会社をどのようにしたいか」という問いだけを考えると、現在の事業からの延長線上でありきたりな将来を描くことになってしまいがちである。会社の将来だけでなく、世の中や自分自身の将来など公私を含めどうしたいかを考えることで、経営層一人ひとりの価値観や思いが反映された会社の姿が描かれていった。ワークショップに参加した経営層からは、「普段とは違う頭の使い方をしたのでとても消耗した」「経営層の他のメンバーの人となりについて、今まで以上に理解が深まった」という声が聞かれた。

どの会社であっても取締役会など、経営層が互いに話をする場はそれなりにあるだろう。しかし、通常の業務の中で設定されている場はどうしても、目先の課題への対応のための議論が中心になってしまう。西村証券で実施したような、未来志向での議論を行うワークショップは、経営層の間の相互理解を深め、経営層が一枚岩になって変革に取り組むための土台作りに不可欠なものである。

変革の第3歩：ミッションの言語化・ビジョンの策定

西村証券では次に、経営層の未来に対する思いを基に、会社のミッション・ビジョンの策定を行った。

いざ、経営層がこれらの検討を始めると、オーナー企業ならではの問題が見られた。〝ミッション・ビジョンを共有するためには、各自が自分事として考えることが重要であり、誰かが考えて指示をされたものは所詮本気で取り組めない〟という社長の考えと、〝会社の方向性は社長が決めること、社長が方針を示せば経営はそれを全力で実行する〟と考える一部の取締役で考え方が大きく異なっていたのだ。この考え方の違いは2日間合計10時間以上に及ぶ議論の中で、次第に解消され、最終的には経営層が中心となって経営層の思いを集約した会社のミッション・ビジョンをまとめ上げた。

当社に限らず、同族経営の企業やオーナー企業では、ややもすると社長と他の役員の距離が広がってしまいがちである。経営層が社長と同じ視点に立つためには、経営層は管掌する事業ではなく会社そのものを自分事として捉える必要がある。そのようなきっかけを得るためにも、経営層が通常の業務や所管する事業の範囲を超え、企業の存在理由について考えるこのような場を持つことは重要であった。

変革の第4歩：従業員への伝達・制度への落とし込み

西村証券では、今このような経営層の思い、新しく定めた会社のミッション・ビジョンを現場に定着させるための活動を行っている。一般的な企業で取り組むように、社長からの定期的な情報発信や、従業員向けのワークショップでの議論などを通じて、少しずつこれらを定着させる活動も実施しているが、西村証券が特徴的だったのは、ミッション・ビジョンを従業員の評価の仕組みに即座に反映したことである。

多くの証券会社がそうであるように、西村証券でも従来は担当者の評価項目として「資産導入」や「手数料」といった、収益に関連する項目のしめるウェイトが重かった。一方で、西村証券の新しいミッション・ビジョンの根幹にある考え方は「お客様のことを理解し、お客様のためになることをする」ということである。会社の示すミッション・ビジョンがただの精神論・綺麗事にならないよう、西村証券は従業員の評価の半分はお客様から受け取る評価から決定することを決めた。

企業の方針について、定期的に従業員に発信したり、ワークショップなどで議論の場を持ったりすることは重要である。しかし、そのような場で従業員に伝えることと、日常の業務での指示が異なっていれば、従業員の共感は得られず全てが無駄になってしまう。西村証券のケースのように、ただ方針を示すだけでなく、方針に沿って社内の制度を抜本的に変更し社長や経営層の本気を示すことも変革に対する従業員の共感を得るために必要なことである。

現在の西村証券：見えてきた成果と変革永続力の必要性

取り組みの開始から約1年、西村証券の変革への取り組みはまだ道半ばである。従業員の意識が劇的に変わったとはいえないが、社内では〝最近は社内に新しいことをやろうという機運が出てきた〟など変革の萌芽を感じる発言が聞かれるようになった。実際に、重点セグメントのお客様の新規口座開設数が過去10年で最高を記録するなど、一部で少しずつ成果も見え始めた。

そのような前向きな雰囲気ができてきた直後、日本経済はCOVID－19による未曽有の混乱に突入した。市場の急落により高齢の投資家の中にはこれを機に資産運用を止めようという人も多く出てきており、証券会社のビジネスに大きな打撃を与えることが懸念された。

しかし、そのような中でも、西村証券の経営層は悲観し右往左往しているわけではない。緊急事態宣言が発令された後に西村証券の経営層と話をした際も、経営層からは〝今回の件はもともと覚悟していた投資家の入れ替わりが前倒しで起きただけ〟とこれらの動きを悲観的に捉えない発言が聞かれた。これは、西村証券が変革に向けての活動を始めていたからこその発言だろう。環境が変わってから動き出すのでは遅い、まさに、時勢の先を読んで永続的に変わろうとし続けることの重要さが感じられた場面であった。

②メーカーX社

変革の背景：会社の歴史を途絶えさせることに対する危機感

メーカーX社は明治時代に創業し、戦前から戦後にかけての激動の時代を生き抜いて現在に至るまで100年を超える歴史を築いてきた。長年の歴史の中で売上・利益が日本のトップ企業に仲間入りした実績もある。

祖業はかつて取引先企業が商品を売ってもらうために列を作るほど売り先に困らなかったというが、戦後に海外製品が普及しコモディティ化が進んだことで競争力が一気に低下し、会社を存続させるためには祖業からの脱却を迫られた。会社を途絶えさせないために覚悟のもと、祖業からの脱却に向けた事業構造改革を数年にわたり実行し完遂することで、現在も生き残ることができた。

ただ、生き残りはしたが、痛みを伴う事業構造改革は多くの歪みを残し、また長い会社の歴史の中でできた綻びも顕在化してきていた。日本のトップ企業にもなったことは過去の栄光となり、プライドだけを高くしてしまっていた。

このままでは100年を超える時代を乗り越えてきた会社の歴史を途絶えさせてしまうかもしれない。そのような強い危機感を持ったX社の役員から、NRIに支援の依頼をいただいた。彼らからの要望は、この会社が以前取り組んだ事業構造改革のような明確なゴールのある改革ではなく、さらに100年後も存続できている会社となることだった。つまり、NRIが提唱する変革永続力を高めることであり、そのために必要なことを一緒に考え伴走することがNRIに与えられたミッションだった。X社はニューノーマルカンパニーになるべく現在進行形で取り組んでいる。X社の変革を通して、変革永続力をどのように高めようとしているのかを紹介したい。

変革の第1歩：変革前のX社の風土の特徴を抽出

X社の支援にあたり、NRIはまず初めに、全ての役員との個別インタビューでX社の抱える問題を聞き取り、併せて全国に点在する支社・工場行脚をするなどして、数百人

［図表4-1］変革前のX社の風土の特徴

①長期視点で会社のことを考えている人がいない	②誰も全社のことを知らない
③不便な仕事の仕方でも普通だと思っている	④前時代的な設備を現役で使い続けている

にわたるX社の従業員と話す機会を持つことで、X社に内包している問題を紡ぎ出した。その中で、X社の風土に見られる特徴を4つ抽出した。

①長期視点で会社のことを考えている人がいない

これまでの数年に及ぶ事業構造改革の後遺症から、短期の業績への意識も社内に蔓延していた。そして、現実の評価指標は短期業績に基づいていた。

社長は長期視点で物事を見るように従業員に繰り返し説いていたが、従業員は長期視点で仕事をしても短期業績が達成できなければ評価されないので、長期視点を持つ行動にはつながっていなかった。

②誰も全社のことを知らない

短期業績に主眼があるため、各事業部門が自分たちの事業の利益を積み上げることを重視するマネジメントに重きを置いた結果、事業間のシナジーの創出や、新規事業を生み出すことがなおざりになっていた。また、事業部を超えた異動がないため、自部門以外の事業がどのようなことをしているのか知らず、各部門それぞれがタコツボと化し、その中で最適化されていた。

そのため、どの従業員に問題を聞いても自部門の問題のみに終始し、全社レベルでの発言は皆無であった。例えば、「X社は何の会社?」という質問に答えられる従業員がいなかった。

③不便な仕事の仕方でも普通だと思っている

多くの従業員は今の状態に満足しているようだった。もっとよい仕事の仕方があるかも、と思いつつも、変える苦労との比較で現状のやり方を続けていた。

根底には、利益確保が最優先事項であるという意識が事業構造改革によって社内に蔓延しており、変えることで生産性が上がるとわかっていても、それによって発生する一時的なコストが気になり、変えたいと言い出せない雰囲気があった。

④前時代的な設備を現役で使い続けている

祖業からの事業構造改革により、成長のための投資やリスク対策費用は真っ先にコストカットの対象となっていた。設備は老朽化していたが、その改修に投資されることはなかった。

その結果として、例えば基幹システムが30年前に作られたシステムであったり、様々な設備は古く、安全対策も最低限になっていた。

変革の第2歩：ありたい姿を再構築する

まず、X社にはX社としてのありたい姿がなかった。その結果、X社を構成している各事業のありたい姿もなかった。各事業は現在からの延長線上で将来を見据えた形でありたい姿を示し、各事業のありたい姿を束ねたものが全社のありたい姿になっていた。

そこで、最優先で取り組むことにしたのがX社の全社的なありたい姿の再構築だった。未来志向で考え、われわれは何を目指すのかということを定義することで、改めてこれから目指す方向を明確にしようとした。

ありたい姿の再構築において大事にしたのは、これまでX社が持っていたDNAのよい部分を明確にし、悪い部分を削ぎ落とし、未来に向けた新しいメッセージを組み込むことであった。そのために、DNAの根幹である創業者の言葉の解釈を見直し、再定義を行った。これにより、よいDNAを明確にすることができた。そして、未来に向けてどのような価値を提供する会社になるのか、ということを創出し、ありたい姿を明文化した。その際、ありたい姿は端的な一文で示すと同時に、将来において解釈がぶれないように、その文言の意図を解説したものも作成した。

この作業は、社長をオーナーとして少人数の役員で行った。X社は平等意識も強くあり、何事にも皆で取り組むことを大切にしていた。少人数に絞った結果、加えられなかった人が嫌な思いをすることを憂慮し、不平等にならないように皆で取り組む、という行動原理であった。その中で、この作業を少人数の役員を選定して行ったことも、X社にとってはチャレンジングなことであった。そこには、これまであった平等意識というDNAより、現実的に議論できる人数で議論を尽くし、しっかりとしたものを作り上げることを優先したのである。

未来のありたい姿に向け、未来だけを見るのではなく、自分たちのDNAを改めて見直し、そのために創業者の言葉までもさかのぼり、再構築していく作業は、上辺だけの議論にならず、しっかりと自分たちの存在に立脚したものとすることにつながった。そして、従業員にとってわかりやすく、浸透しやすいものになった。また、この作業において、これまでとは違うやり方をすることで変革への本気度が示せたことも意義深い。

変革の第3歩：重要な結論を先送りにしない経営のメカニズムの導入

ありたい姿の再構築の議論において、悪いDNAとして、以下のことが顕在化した。現場が必要だと思い経営レベルでの意思決定の場に提案しても議論のみが繰り返され、やる／やらないの結論が出ずに時間だけが過ぎていき、タイミングを逸してしまう、というDNAだ。経営として適切なタイミングで判断するDNAに変化させたかった。

その背景は、「社長はスーパーマンではなく、私たち役員は経営のプロでもない。なのでみんなで議論して決めたい」という役員の言葉に表れている。すなわち、X社では誰かが決めるのではなく全会一致をもって結論とする、それは経営のプロがいないためだ、ということであった。このDNAを捨て、重要な結論を先送りにしないDNAに変える必要があった。そのために、経営のメカニズムを変えることにした。

まず経営と執行の分離を行い、稟議の基準も見直した。それにより、執行側にも権限委譲を行い、経営で決めることを明確にした。そして、経営で決める力を養うためには、経営課題について絶えず議論し、その方向性も経営内で認識を合わせておくことが大切であった。経営課題については、経営会議のアジェンダとしてリストアップし、年間スケジュールに落とし込み、抜け漏れなく議論をする仕組みにした。これにより、経営課題についての基本的な考えが経営の中で整理された状態になった。その結果、具体的な事案について、基本的な考えを下敷きにしながら検討が進められ、結論を出せる状態になった。

経営のメカニズムの理想像はコーポレート・ガバナンスコード（以下、ＣＧＣ）で示されている。しかし、ＣＧＣで求められていることに一足飛びで近づけることは難しく、役員構成の組み替えなどを徐々に行い、時間をかけて整備していくことになる。その第一歩としてＸ社は、経営は誰で、経営で議論すべきことは何か、というところから着手したことは現実的であった。

現在のＸ社：変化を前提とした会社への変革を継続

Ｘ社が変革プロジェクトを始めて、２年が経過した。これまでの変革に向けた活動により、変化することへの耐性が養われ、変革の土台は出来上がってきていると感じられる。これからは、立ち上げた施策や風土をいかに定着させるかに重点が置かれる。

この変革プロジェクト期間においてもＸ社を取り巻く外部環境や競争環境は刻一刻と変化しており、「現状を維持し続けることを目的とすると会社は生き残れない」という共通認識が社内で持たれている。Ｘ社が１００年後も必要とされる会社であり続けるために、変化に対応するのではなく変化を前提とした会社、すなわちニューノーマルカンパニーになるための活動が今後も必要不可欠の取り組みとして続けられていく。

2 プロモーターの必要性

プロモーターの活用の意義

前節ではＮＲＩをプロモーターとして活用し、変革を進めてきている2つの事例を紹介した。変革を進めるために、コンサルティングファームをプロモーターとして活用することも有効となる。手前味噌であるが、先の事例に限らずＮＲＩをプロモーターとして活用し変革永続力を発揮している企業も多くある。

コンサルティングファームを使う利点は、以下の通りである。

【1】プロジェクトマネジメント手法の提供

「⑤タスクベース化」でも示したが、タスクベース化をするには適切に管理するためのプロジェクトマネジメント能力が必要となる。例えば、一週間の中で効率的にタスクを進めるための複数会議の設定、適切なタイミングで意思決定を求めるための意思決定者との段取り、各テーマが抱えている課題管理、などである。タスクを洗い出してスケジュールを設定し、タスクを実行する担当者及び成果物を決定する。仕事をスムーズに進めるためタスク管理ツールなどを駆使し、関係者間で絶えず共有し、進捗を記録して状況を把握していく。

例えば、経営レベルに判断を求める案件が多い場合、適切なタイミングに適切な期間で意思決定しなければならない。そのためには、意思決定のタイミングをタスクに組み込んでいくことはプロジェクトマネジメントにおいて大切である。重要な決定に対して自社（変革プロジェクトを実行している会社）はどのようなメカニズムで判断を下すのかを想像しタスク化していくことである。根回しが必要であれば、そのためのタスクと時間（リードタイム）が必要であり、経営内の議論を何度か経なければ決定されないのであれば、それを見越したスケジュールを立てておく必要がある。

このように、経営が意思決定すべきことを洗い出し、そのために費やすタスクとスケジユールを明確に記述しておかなければならない。状況に応じて臨機応変に組み替えることは暗黙的には理解しつつも、明確にタスク化していくことはなかなかできない。

コンサルティングファームは、過去の経験に基づいた実践的なプロジェクトマネジメント手法の活用をすることができる。そして、OJTを通したトレーニングを行うことができるメリットもある。

【2】多種多様なテーマへの対応

「②気付き化」の実践において、成長戦略としての「長期成長シナリオ」「事業ポートフォリオ組み替え」「デジタル戦略」などのテーマと、経営の仕組みである「理念体系」「経営ガバナンス」「業績管理制度」「人事制度」「業務改革」「働き方改革」などの多種のテーマを並行かつ連携した検討が出てくる。しかし、各テーマについて他社事例も含めノウハウが十分に社内に蓄積されているとはいいがたい。コンサルティングファームは担当コンサルタントが持っているノウハウ・他社事例だけでなく、その会社にあるリソースの活用も可能となり、知識獲得の時間短縮に寄与できる。

また、「③ロードマップ化」においては各テーマに着手する順番も大切となる。成長戦略を起点とすべきか、経営の仕組みの見直しを先にすべきか。変革がもたらす影響、波及効果を想定しながら描く変革の一連のストーリーのデザインは、変革チームが構想する最も大きな仕事となる。

ＮＲＩがこれまで支援してきたプロジェクトの経験を踏まえると、理念体系の再整備とそれに基づく事業やビジネスモデルの枠組みの改革プロジェクトを起点とした変革のストーリーが日本企業にとって最も成功に近づけやすいと考えている。アプローチのしやすさから経営の仕組み改革を始めると、財務諸表に表れにくい、もしくは従業員にはわかりにくい変革が延々と続くために、社内に変革の機運を醸成することが難しくなる。

また、違うアプローチとしてコスト削減から始めるケースもある。コスト削減から始めることは現実問題としてあり得るし、多くの企業でもそのようなアプローチをしている。結果として聖域なきコスト削減活動となり、将来の成長の芽を摘んでしまうことも起こり得る。そして、事業の成長を念頭に置いた成長シナリオを考えようとしても考えられるリソース・成長の芽がない余裕のない会社に陥ってしまう。やはり、将来の会社の姿、それに向けた成長シナリオ、そのための経営の仕組み、といった考え方はセオリーであるが、セオリーであるが故に従業員に理解を得られやすい。

また、「①未来年表化」において、未来社会をどのように見据えるか、という整理が大切になる。未来社会を見据えるためのインプットとしてマクロトレンドの把握が必要となる。コンサルティングファームでは民間企業だけでなく官公庁をクライアントとしており、多種多様な情報源から未来予測が行える。この点も、コンサルティングファームを使うメリットである。

「⑥モジュール化」にあるような会社の仕組み・人材・業務・システムを入れ替えやすい形にするための取り組みについても豊富にある他社事例や、保持しているフレームワークを活用して検討を促進させることも期待できる。

【3】ファシリテーション

「④アジェンダ化」においては、会議という場でのパフォーマンスが必須である。会議は会議改革が各社で議論されるほど、会社運営において功罪の両面がある仕事の場面である。当たり前であるが、会議ではそのテーマに関連がある関係者複数人が集まり、十分に議論を経て意思決定をしていくことが求められている。それを決められた時間に終わらせることも大切になる。そこでは、やはり「運営がうまい会議」にしていくことが重要となってくる。「運営が悪い会議」は参加者のやる気も削ぐし、さらには変革自体の否定へもつながりかねない。しかし、社内で会議運営ノウハウ、特にファシリテーション能力を持ち得たメンバーは限られている。

コンサルティングファームは、担当コンサルタントによる会議運営の実施に留まらず、適宜、役割を移管し、メンバーへの実践的なトレーニングもすることができる。また、ファシリテーション能力を持ち得たコンサルタントを選定することがプロジェクトの成否において重要な役割となる。単純にその能力の高さだけでなく、自分の会社の雰囲気やカラーに合ったファシリテーションができるかもコンサルタント選定の上では大切な要素となる。

【4】コミュニケーション演出

「⑦ダイアログ化」では、従業員全員の意識を変えていくことを目的としている。少数の人のみで検討し実行していくものではない。適切でかつ十分なコミュニケーションが必要である。コミュニケーションといっても、いくつかのシーンはある。経営トップから変革に関する様々なことを従業員に伝えるシーンもあれば、逆に従業員が思っていることや考えていることを経営トップに伝えるシーンもある。そして、あるテーマについて役員層もしくはミドルリーダーと一般社員側で意見を戦わせるシーンもある。

これらのコミュニケーションシーンを演出することも需要な要素となる。ダイアログ化においても、様々なコミュニケーションの仕方について言及した。あらゆる場面において相互理解（コンセンサス）に重きが置かれる日本企業においては、様々なコミュニケーション手法を駆使し、相互理解を高めていくことが必要となる。このようなコミュニケーションプランの企画・実行のリソースも社内で不足していることが懸念される。

コンサルティングファームは、コミュニケーションプランの企画やコンテンツ作成などの実務的な支援も行うことができる。

【5】役員間の意思疎通

こちらも「⑦ダイアログ化」に関わることであるが、経営層が「経営チーム」という言葉通りに深いコミュニケーションによってチームとして一体となった経営をしているケースは、それほど多くない。役員間の意思疎通の悪さが事業部門や機能部門の横串での連携を阻んでいる場合もある。役員が少数の場合でも、本音でコミュニケーションを図るのは難しい。

経営層の意思疎通の早さと質の強化は、変革時に限らず日常の重要なテーマである。互いを知る環境を日常的に設けることによって、少しずつでも意思疎通を図る努力は必要である。例えば、役員間のコミュニケーションを深めるために、非公式ミーティングを毎朝行うことを伝統とする企業もあれば、役員個室をなくし、複数の役員が同じ部屋で執務することで意思疎通の質を高めている大手企業もある。

変革永続力を高めるためには、役員間の密なコミュニケーションによる意思決定が必要不可欠である。経営層の意思疎通が活発でない場合、役員がお互いに牽制し合い、有益な議論がなされず、日々の変化が滞っていく。

コンサルティングファームは、経営層との協議の場を活用した論点提示、第三者の立場を活用した問い掛け・議論により「思い」を引き出すことができる。また、各役員との個別インタビューを通して、第三者だから役員の話を伺えること、反対に第三者だから役員に対しストレートに話せること、といった各役員との距離感を縮める役割も担える。

【6】大義の設定

変革を進めるにあたって、従業員に経営としての変革に対する思いを伝えるための大義の設定も大切である。ただ、理念体系をしっかりと定められている企業であれば、会社の方向性は提示されているし、従業員内にも浸透しているので理念体系を大義とすることができる。ニューノーマルカンパニーになるために、より強いメッセージで変革の意図を伝えたいのであれば、大義を新たに設定する必要がある。

大義とは、前向きなメッセージであり、ありたい姿に向かう変革の意義を明確に打ち出したものである。そして、変化し続けることがなぜ将来の会社・従業員に対して幸せをもたらすのか、という本質的な意図を明示することであり、そして経営側の姿勢を示すものである。

例えば、「世界No.1の××メーカーとなるために、世界最高の商品をお客様に提供できる最も優れた業務プロセスの構築を目指す」といった大義が望ましい。これにより変化し続けることはNo.1になることである、と明確に定義され、そのためには業務プロセスを徹底的に見直す必要があるという変化の仕方も明確になる。

コンサルティングファームは他社の大義がどのように作られているのかといった背景理解も含め、作成のアドバイスができる。そして、浸透面においてもその会社の特徴に合わせて様々な演出を企てることができる。

3 プロモーター活用事例

歴史的構造改革の完遂

プロモーターを活用して変革を永続している企業として、メーカーY社の事例を取り上げたい。Y社は工場プロフィット制度のもと、全国にある工場の工場長が一種の企業の社長のような権限を持ち、同じ製品であっても異なる工場で競い合うという状況であった。

1980年代まではY社はこうした体制の中成長することができたが、1990年代から経済の成熟と生産の海外移転などにより日本のGDP成長率が長期停滞し、世界及び米、独との差が拡大、それに伴い日本市場への依存度が高いY社も低成長の時代に突入した。対して、Y社の競合である欧米大手はグローバル化を進め、Y社との規模、利益率における差は歴然たるものとなっていた。

国内市場はY社の強い事業基盤であったが、市場が成熟化し事業を成長させていく市場環境を失っていった。

こうした経営環境に直面し、1990年代以降の歴代の経営トップが変革を試みるも何度も挫折に終わった。理由は、Y社の持つ古い体質により、様々なOBが相談役、会長として存在し、伝統である工場プロフィット制度がY社の強みであると主張し、変革に対する強烈な反対をしたためである。

状況が変わるのが、2008年である。当時の経営トップが、工場プロフィット制度に対して強い疑問を持つようになった。同じ会社なのに給与袋が異なること、また工場ごとに個別の調達購買を実施していたことからも見られるように、各工場に部分最適な仕組みとなっていた。給料袋については卑近な例であるが、調達購買においてはどこから何をいくら購入しているのかを全社で把握することができない状態にあり、この部分最適な仕組みに問題意識を持つようになった。そこで、当時の経営トップは変革を進める決断をし、プロモーターとして外部コンサルタントを採用することを決めた。そして、歴史的な構造改革を完遂した。後段で述べていくが、部分最適が染みついている企業風土の中で、社内の抵抗はとても強いものであった。この難しい変革を外部プロモーターを活用し、成功まで導いた。

まず変革の経緯を述べるとともに、その変革においてプロモーターであるＮＲＩが果たした役割について述べたい。

変革の経緯

Ｙ社の変革は、２００９年12月からＹ社の経営トップ及び筆頭役員を中心としたメンバーで変革の骨子策定に取りかかることから始まった。そして、２０１０年3月末に変革の骨子の社内への発表を行った。

さらに２０１０年4月から、２０１１年4月の工場プロフィット制度廃止に向けて具体的な組織再編を議論するプロジェクトが全社大で編成された。こうした工場プロフィット制度の廃止は当時もＯＢに強く反対されるも、根気強くＯＢへの説明を行い不退転の決意で変革の必要性、強い意思を伝え、貫き通した。そして、２０１１年4月、工場プロフィット制度を廃止し、事業本部制度に移行した。

これに伴い、事業本部がグローバルな競合企業とのグローバル規模での戦いに挑むために最適な事業体制の構築が行えるように意思決定の仕組みを変えた。具体的には、過去は一律で全ての事業に対して成長を求めたが、事業ポートフォリオ管理の仕組みを導入し、

ROICなどでの事業格付けと事業環境分析により、全社の意思として経営資源を投入し成長させていく事業、拡大シナリオは考えず利益性を高めていく事業、他社との提携を含め大きく再編が必要な事業と、事業ごとの方針を明確にした。

さらに、Y社は2013年10月にカンパニー制度に移行した。顧客は様々な製品を組み合わせたソリューションの提供を求めるようになっていき、グローバルな競合企業はその顧客の要求に応えていた。事業本部制度は製品を軸として組織が編成されていたが、ソリューションによる競争に対応するために9の事業本部を4つのカンパニーに再編した。カンパニーは顧客起点で組成されており、顧客に対して様々な製品や技術を組み合わせたソリューション提案を行うことが可能となった。

それと同時に、カンパニーCEOに大幅な権限委譲が行われ、経営と執行の分離が進められた。そして、ガバナンスを担保するために、2015年6月に監査等委員会設置会社に移行し、取締役11名のうち監査等委員である取締役を5名とし、監査等委員会5名の取締役のうち3名を社外取締役とした。

変革におけるプロモーターの役割

これらの変革は7年に及び、その間、Y社はNRIをプロモーターとして活用した。

その理由は、下記のようなものである。

【1】プロジェクトマネジメント手法の提供

Y社は伝統ある会社であり、伝統を変えたくない、という意思が非常に強い会社であった。そのため、反発する従業員も多かった。こうした大きな組織で変革を進めるにはトップの意思を明確に示し、変革骨子を作り、不退転の決意を示すこと、さらにそれをロードマップとして示すことで変革を道筋にのせることなどが必要だった。これらの進め方は、プロモーターであるコンサルティング会社が様々な成功している企業のケーススタディから導き出したプロジェクトマネジメントの手法であった。

特に全社展開に向けては、変革に巻き込むべき人材を事前に抽出し、それらのキーとなるメンバーに事前にY社の課題をヒアリングすることで問題意識をあぶり出し、そうした問題意識を反映した変革骨子を作ることで変革を浸透させるキーマンを全社変革のメンバーに巻き込む工夫をした。これらはプロモーターのアイデアであり、これが功を奏し、変革は走り出した。

さらに全社プロジェクトが走ってからは多数のタスクフォースも走るため、各タスクフォースの方向性をマネジメントしていくことが難しくなった。その際、全社として目指すべき方向性をステアリングコミッティで確認し、常に各分科会の方向性を修正していくなどのプロジェクトマネジメントを行った。

また変革の骨子をやり切る上において、社内から出る反対意見に対して、内部では言いづらいことを明確に伝える役割も非常に大きなものであった。

【2】多種多様なテーマへの対応

Y社の対応は戦略本社機能の策定、効率的管理本社機能の構築、グローバルに戦える事業のあり方、カンパニー制度移行などの事業組織再編、ガバナンスなど非常に多岐にわたった。ガバナンス強化のために社外取締役候補の選定、事業に対するガバナンスとしての経営監査機能構築、そして監査等委員会設置会社移行までの一連を実施した。

これらの対応はプロモーターが常に様々な専門家を配置し、Y社の変革に伴走したことが大きい。また、社外取締役の選定においては多岐にわたる候補者から人材の選定、客観的な意見の提示も行った。

【3】ファシリテーション

Y社は非常に頭脳明晰な人材が多い日本有数の優良企業であるため、変革の方向性を示すと、できない理由を100個並べるといった論理的な抵抗に長けている人が多かった。このような人々による会議では、様々な思惑から意見を言う人と言わない人のばらつきが出ることから、NRIが各会議のファシリテーションを行うことでなるべく意見が多く出る環境作り、議論しやすい資料準備などを行うことで活発な意見が出る環境作りを行った。

そして、変革に対する反対意見が強硬に出される場合は、プロジェクト会議内で変革の必要性を示すことはもちろんだが、事前に個別議論を実施することで、反対意見を出し尽くしてもらい、それに対するカウンターの提案をしていくことで、変革の必然性への納得感を醸成した。

【4】コミュニケーション演出

本変革において、コミュニケーションの演出は重要であった。本社改革のテーマについては、本社に対して強い問題意識を持つ人材を選定してもらい、プロモーターが直接個別面談を行い、ひざ詰めの意見交換、ヒアリングを行った。このようにプロモーターが直接面談し、意見を真摯に聞く姿勢を示すコミュニケーションの機会を演出することで、様々な意見を引き出すことができた。

その意見は、本社役員がこれまであまり聞いたことがない意見であった。これらを体系化すると変革に対する問題構造があぶり出されてきた。問題意識の高い従業員の生の声をベースにした問題構造を役員に伝えることで、問題の真因が明確になり、役員の中で腹落ちにつながった。それにより変革に対する方向性、変革骨子に大いなる確信を持つことができた。

変革骨子の策定後は、経営トップ自らが各工場を回り、変革の骨子を説明していくことで、従業員は、自らが唱えた問題意識が骨子に反映されていることを知り、変革に対する意識を高めた。

【5】役員間の意思疎通

大企業であったY社において、役員の考え方はまちまちであった。例えば、最も稼いでいる事業は分社化により切り出されることを要望し、全社の変革というよりは事業としての競争力のみに強く意識が傾いていた。

各役員の問題意識は様々であったが、役員内で議論を尽くしていくと、全社として変革をしなければならないこと、日本中心の事業・製品軸での事業の考え方は成長限界にきているという問題意識は共通していることがわかった。各役員のヒアリングをプロモーターが行い、彼らの持っている問題意識を把握した。そして共通している問題意識を顕在化させる演出をしていくことで、役員個別の考え方の違いを乗り越え、共通の問題意識を醸成し、変革に向かい推し進めていく意思疎通、意識醸成を行った。

【6】大義の設定

最後に必要なことは大義の設定である。Y社は、利益率は高くはなかったが赤字ではなかった。大規模な変革を行うのに、なぜ今なのか、という声が多く出てくることが予想された。

そのため、まず、変革骨子の段階で競合企業との差を明確に示した。例えば、Y社の競合は米国企業、欧州企業である。これらの会社では市場起点での事業開発が行われており、グローバル起点での事業展開がなされていた。Y社は国内中心の事業展開に留まっている、といった点を端的に示した。

そして、海外の同業事業に携わっている企業との比較から、Y社が行っている多くの業務が工場ごとに異なっており標準化が進んでいない、ITにおいては保守業務がほとんどで開発に割り当てられている時間が極度に少ない、といった事実を定量的なデータで示した。

こうした情報に基づいて大義は作成された。変革への納得感を醸成していく中、その道のりの遠さから何から手を付ければいいのか、という不安の声も出てきた。変革のロードマップを策定し、その大義に向けて何から着手すべきかを示した。そして2年の間ですべきことをマイルストーンとして置き、従業員に変革に向けての大義、進むべき方向を明確に示したのである。

変革推進上、特に重要であったプロモーターの役割

長い歴史の上で、変革できなかったY社が変革を遂行できたことは、プロモーターの役割が大きかった。これまで、様々なコンサルティング会社がY社の変革を提案したが変革の実行には至らなかった。

会社の仕組みを歴史的に大きく転換する変革が遂行できたことはプロモーターのY社の企業文化への深い理解に基づく言動、ファシリテーションによるところが大きかった。プロモーターは構造改革を提案する前にY社の各事業のコンサルティングを多く手掛けていたため、Y社の本社と工場それぞれの思い、問題意識、企業文化を深く理解していた。そのため、各地の現地現物の理解に基づく発言は一般論とは異なり、まさしくY社経営陣、工場のキーマンの心に響くものであった。こうした企業文化をよく理解したアプ

ローチ、時には納得していない人々に対して、ひざを突き合わせて議論する対応が変革に反対する人々の心を動かしたのである。

現在のY社

こうした変革の成果もあり、Y社は変革を自社で進めていく組織能力を身につけた。Y社がプロモーターとともに導入した事業ポートフォリオの仕組みは定着し、過去は自前主義が強烈に強かったY社が、多くの事業をカーブアウトした。その中には強化領域として他社と合弁会社を組んだ事業もあれば、技術はあるが自力では成長が難しいため、マイノリティ出資で他社と合弁会社を組んだ事業もある。

さらに過去は積み上げであった中期経営計画は様変わりし、メガトレンドから自社の描く未来像を外部発表するようになった。初めてのメガトレンドから描く未来像はプロモーターとともに構築したが2度目以降は自社内で推進している。また、プロモーターとともに導入したカンパニー制度は早期の経営者の育成を可能とし、人材の可視化、経営者の育成といった経営課題に向け自社内での変革を常に推し進めている。

こうした変革風土はY社に根付き、その後Y社は経営変革を継続して遂行している。

コンサルティングファーム選定のポイント

ここまで、プロモーターとしてのコンサルティングファームの活用の意義について論じてきた。ただ、【1】〜【6】を全て自らできる会社ならコンサルティングファームは不要である。自社のリソースに応じ、必要な部分についてのみコンサルティングファームを活用する形でよい。そして、将来を見据えて内部人材がしっかりと行うべきことを見定めることも大切である。

ある会社では、ファシリテーションについて、特に経営層を中心とした会議の場においてのみコンサルティングファームを使っている。それは、会議参加者に会議運営のストレスを感じさせずに会議内容に集中してもらいたい、会議内で様々な発言をしても中立的に理解し整理する機能が欲しい、といったニーズからの判断である。

また、大義の設定においても、大義を検討する会議のファシリテーションのみにコンサルティングファームを活用し、言葉は自分たちで捻出していく。また、その浸透においてもコンサルティングファームを使わず、自分たちが手探りでやっていく、という使い方もある。

コンサルティングファームは、それぞれ特徴もあるし良さ・悪さもある。やはり、【1】

～【6】において自社に欠けていて、外部プロモーターを使うことが最適な部分を見定めるべきである。その見定める過程で、多少の無理があっても内部人材を活用すべきところはどこかを決める必要もある。その上で、自社に対する理解があり、必要な役割を実際に担った経験知を持っている会社を選定することが望ましい。

第 5 章

変革永続力を発揮する各階層の役割

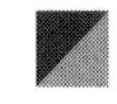

1 経営トップの役割

企業には様々な階層が存在し、それぞれに役割がある。本章では、「1：経営トップ」「2：チーフオフィサー」「3：ミドルリーダー」それぞれを主語として、変革永続力を発揮するために各階層が果たすべき役割について述べていく。

本節では、経営トップの果たすべき役割を述べる。図表5－1の通り、経営トップの役割は、第一に「納得して語れる自社の理想像」を持つことである。経営トップが納得して語れる自社の理想像を持つ形で未来志向力を発揮することを起点に、理想像を具現化するため、共感演出力、換装自在力、式年遷宮力を発揮していく。

未来志向力を高める経営トップ：納得して語れる自社の理想像を持つ

未来志向力の高い企業であるために、経営トップは最も大きな役割を果たす必要がある。

[図表5-1] 経営トップが果たすべき役割

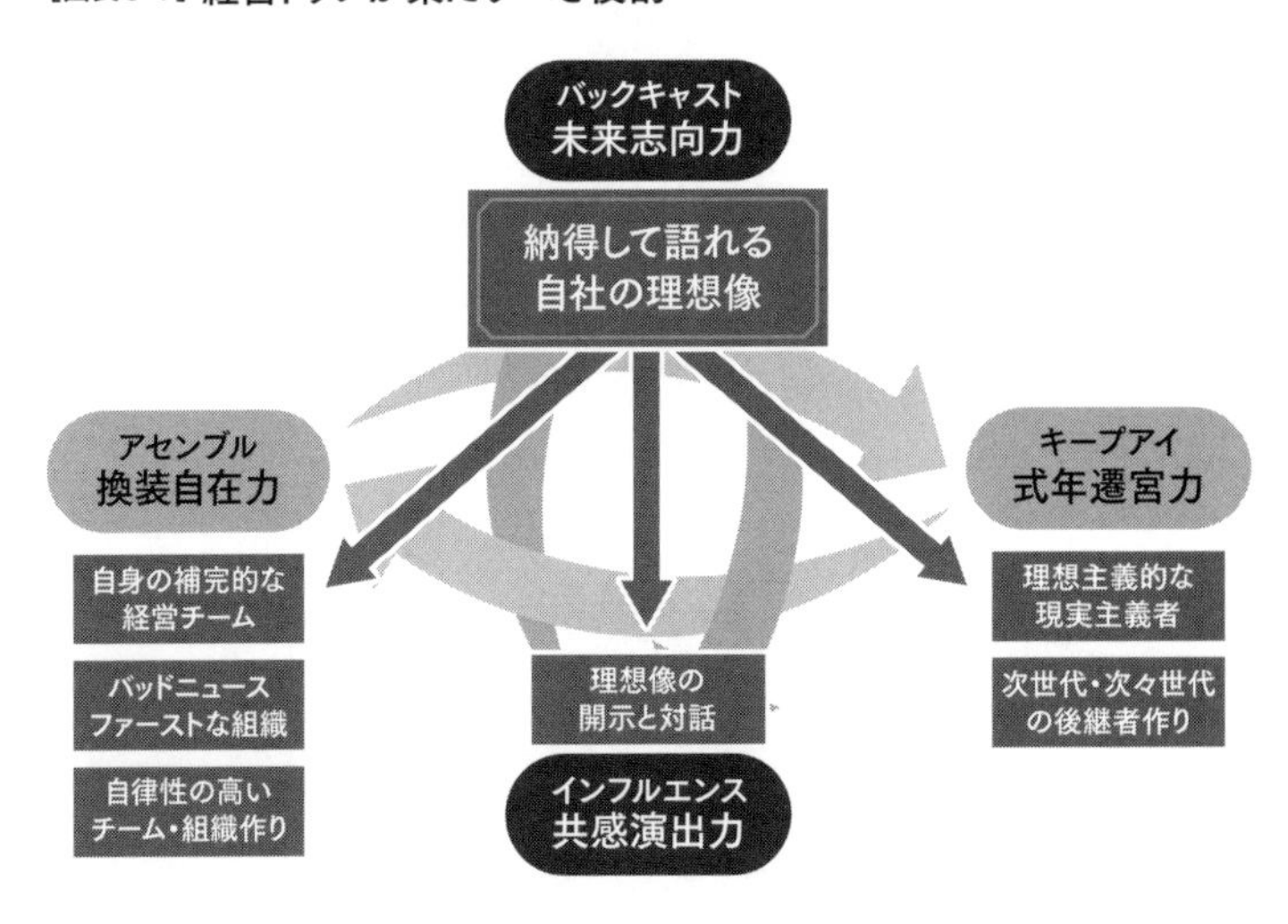

未来を見据えた「納得して語れる自社の理想像」は、経営トップ自身が持つものである。未来志向力の多くは経営トップによるものであり、経営トップの第一の役割である。

オムロン取締役の安藤氏は、「自社の理想像を持てている経営トップは、今の自社に対して、論理的に正しい点数をつけて評価することができる」と述べる。点数をつけられる自社の理想像とは、企業理念のように一言で表す表現に留まらず、解像度の高い理想像である。具体的には、自社の存在価値（不変の目指す幸せの姿）、自社が向かう先と自社が経営資源を投下する事業ポートフォリオ（可変のありたい姿）を明確にし、実現するための戦略・組織で言い表すことが、理想像に相当する。つまりクロスフォースの未来志向力・共感演出力・換装自在力・式年遷宮力の理想的な状態を述べられるということだ。そして理想像に対し、現状の充足度を点数として自己客観視して語ることができる状態が、納得して語れる自社の理想像を持った状態である。

例えば、今の自社の経営が理想像に対して80点の状態と言うのなら、80点である理由を具体的に説明できなければならない。具体的に説明するには、今までの成功モデルを客観的に理解し、語れる必要がある。そして足りない20点についても、論理的に語れる必要がある。20点のうち、5点は内部統制の観点からの不足、10点は新規事業創造の観点からの不足、というように、理想と現実のギャップについて、根拠を持って内訳と理由を述べられる状態である。

経営トップが、「納得して語れる自社の理想像」を持てておらず、他の誰かに言われるままに理想像を捉えている場合、具体的に点数を語ることは難しいはずだ。

日本企業の過去にさかのぼって、経営トップが自社の理想像を持っていたかどうかを考えると、過去は業績の観点で自社の理想像の多くを語ることができた。しかし第1章1節で述べた通り、企業に求められる価値は業績のみではなくなっている。業績の観点で理想像を語るだけでは、十分に語り切れなくなってきた。

もちろん理想像の構築に向けて、経営トップ単独で全てを行う必要はない。経営チームで理想像を考えることは可能である。経営チームの組成は後述するが、必要な体制と仕組みを組成することは、経営トップとして果たすべき役割であり、経営はチームですべきである。しかし複数人で考えたとしても「納得して語れる自社の理想像」を定めるのは、他でもない経営トップの役割である。様々な人に意見を聞いたとしても、合議で「納得して語れる自社の理想像」が収斂することはない。

変革永続力を発揮するため、「納得して語れる自社の理想像」を持つことが、経営トップの未来志向力における役割である。これは、経営トップにしかできない第一の役割であり、共感演出力、換装自在力、式年遷宮力における役割の根源となる。

共感演出力を高める経営トップ：自社の理想像を広く開示し理想像について対話する

共感演出力における経営トップの役割は、その理想像を広く「開示」し、広くステークホルダーと「対話」することである。

まず「開示」が非常に重要である。「開示」なくして「対話」をすることはできない。とはいえ、企業内の情報を広く開示することを好まない経営トップもいるかもしれない。しかし、今や社内の経営資源のみで高度な経営をやり切れる時代ではなくなっている。積極的な開示を通して多種多様なステークホルダーと関わっていく必要がある。

経営トップが開示する内容については、足元の業績推移や事業状況といった、ステークホルダーを短期志向に誘導するような短期的な情報を開示する必要はない。経営トップはなるべく長期的な観点や情報を開示する。企業としてのありたい姿や、長期のロードマップといった長期的な情報を開示し、対話につなげることが重要である。従業員や投資家といった、自社について個人の時間を使って考えをめぐらせてくれるステークホルダーに「納得して語れる自社の理想像」に関する情報を開示することで、対話のきっかけを作ることが、経営トップの役割である。

そして「対話」である。「納得して語れる自社の理想像」を内外に開示し、あらゆるステークホルダーとの対話を通じて「納得して語れる自社の理想像」を精査し続ける。共感演出力を発揮する上で、経営トップの発するキーワードに勝るものはない。経営トップは、何度も同じことを繰り返して言うくらいでちょうどよい。「社長がまた同じことを言っている」と認識されるくらいで構わない。同じことを何度も言っていると認識されて初めて、「納得して語れる自社の理想像」が伝わり始めたといえる。

変革永続力を発揮するため、「納得して語れる自社の理想像」を多様なステークホルダーに「開示」し「対話」することが、共感演出力における経営トップの役割である。

換装自在力を高める経営トップ：意見・情報が集まり、自律性の高いチーム・組織作り

経営トップの「納得して語れる自社の理想像」を実現するために、経営トップが自らできる動きは何かというと、実は非常に限られている。経営トップへの全権集約での意思決定は難しく、全てのことを一人でできるわけでもないため、多くは経営トップ以外の人に任せることになる。

換装自在力における経営トップの役割は、「納得して語れる自社の理想像」の実現をやり切れるチーム・組織作りをした上で、適切に任せることである。経営トップが果たすべきチーム・組織作りの要件は、以下の3点である。

1 〝自身の補完的な意見を述べる〟経営チームのアサイン
2 〝バッドニュースファースト〟で情報が届く組織作り
3 〝集団・個人が自律的に考動〟できる組織・経営管理手法の推進

まず、1〝自身の補完的な意見を述べる〟経営チームのアサインとは、チーフオフィサーのアサインに関連する要件である。経営トップに対して追従的ではなく、変革志向を持った人材で経営チームを組成する。〝自身の補完的な意見を述べる〟人材とは、例えば、

一見煙たいタイプや自身と異なるタイプに相当する。

加えて補完的な意見を集めるためには、社内人材だけでなく、社外人材をアサインする観点も重要である。社外取締役を設定している企業は多くなっているが、うまく社外取締役に役割を与えられている企業もあれば、そうでない企業も出ている。社外取締役は「経営の経験者・スペシャリスト」であり、自身の経営経験に根差して経営への気付きや提言について発言できる人である。


次に、経営トップは、2〝バッドニュースファースト〟で情報が届く組織作りをする必要がある。もちろん経営トップは現地現物で情報を得る努力をしていると思うが、自ら情報を得られる範囲は限られている。従業員側から情報を経営トップに届かせることを促す工夫が必要になる。

基本的に人は情報を隠そうとする生き物であり、経営トップになると意見・情報が届きにくくなる。特に悪い情報は隠されやすい。しかし悪い情報にこそ、経営トップが認識すべき情報が隠れている。

まず〝バッドニュースファースト〟であるために、経営トップは悪い情報を伝えた人を叱ってはならない。怒らずに耳を傾け、情報を運んでくれたことに感謝する。人は叱られると思ったら情報を隠してしまう。

その上で、絶えず生の情報を読み取れるように、情報集約の仕組みを構築する。しかし中央集権ルールを設定しても情報は集まらない。中央集権ルールは、分権側にとって都合が悪い場合、ルールを守らずに隠す方向に働いてしまうためだ。分権側はエリアごとにルールは違って然るべきであり、中央集権ルールを決めて守らせるのではなく、分権側に自分で守るルールを決めさせて順守させる。方針は中央から提示するが、情報の上げ方に関するルールは分権側に自ら決めさせた方がよい。

最後に、3〝集団・個人が自律的に考動〟できる組織・経営管理手法の推進をするということだ。実行のためには大きな方針を小集団に落とし込み、チーム・組織の自律性を高める必要がある。手法は様々な方法が考えられるが、例えばアメーバ経営やROIC経営といった手法の導入である（ROIC経営の詳細は第1章2節のオムロン参照）。

自らの動きが限られている経営トップは、経営管理手法で組織の自律性を高める必要がある。ただし経営管理手法を入れさえすれば自律性が高まるということはなく、第3章で紹介したメソッド、例えば、「③ロードマップ化」により、従業員が迷いを持たないように道筋を明文化することも必要である。

変革永続力を発揮するため、「納得して語れる自社の理想像」に向けて、意見・情報が集まりやすく、高い自律性で動く経営チーム・組織作りと仕組み作りが、換装自在力における経営トップの役割である。

式年遷宮力を高める経営トップ：理想主義的な現実主義者であり続ける

「納得して語れる自社の理想像」の必要性を述べた安藤氏は続けて、「自社の理想像を持つと同時に、経営トップは理想主義的な現実主義者であらねばならない」と語る。最初から大きく理想像に変えるというより、理想像に向かって現実的にできることを見定め、必ず一歩進めることが経営トップの役割である。

何か理由をつけて、変化しないという意思決定をするのは簡単であるが、「不変の目指す幸せの姿」を除き、企業経営において変化させてはいけないものは存在しない。経営トップはアンタッチャブルな聖域を作らず、あらゆることを変化させていくべきである。理想を語るだけでなく、小さな一歩でもアクションを起こし、現実的に理想像に近づける努力が必要である。

現実主義者たる経営トップは、やり切る姿勢を誰よりも示す必要がある。やり切らないことが最もよくない。例えば「④アジェンダ化」においても、必ず目を向けてやると決めた課題は、経営トップが目を逸らさずにやり切る姿勢を示す必要がある。いつまでにやるという締め切りを宣言し、実行したら評価をして、決めたことに向き合いやり切ることが経営トップの役割として重要である。

変革永続力を発揮するため、「納得して語れる自社の理想像」を持って、現実的な変化を見定めてやり切ることが、式年遷宮力における経営トップの役割である。

自社の理想像に向かって日々変化させ続けながら、後継者を作り企業を未来につないでいく

繰り返しになるが、経営トップの役割は、第一に「納得して語れる自社の理想像」を持つことである。経営トップが納得して語れる自社の理想像を持ち未来志向力を発揮することを起点に、理想像を具現化するため、共感演出力、換装自在力、式年遷宮力を発揮していく。

最後に述べたい経営トップの役割は、「次世代・次々世代の後継者を作る」ことである。企業経営において、経営の承継は必ず訪れる。次世代・次々世代を育てることは、経営トップにしかできない。本節で繰り返し述べてきた「納得して語れる自社の理想像」を次世代・次々世代に自分事として考えさせてほしい。

経営共創基盤代表取締役の冨山和彦氏は、著書[*15]の中で「経営者はミドルリーダーの段階で、現場の情報を得られる立場を利用しつつ経営者目線で既に動いていたことが多い。将来、経営者を目指すのであれば、ミドルリーダーの時期に経営トップとしての経験を積む必要がある」と述べている。

日本企業では、若い時期に経営観を身につけることが難しく、経営層になってから必死に考えている場合が多い。早い段階からミドルリーダーに、「納得して語れる自社の理想像」を考えさせる機会を与えてほしい。

*15　冨山和彦『結果を出すリーダーはみな非情である』（ダイヤモンド社）2012年10月26日

2

チーフオフィサーの役割

本節では、チーフオフィサーの果たすべき役割を述べる。チーフオフィサーというと

CxO（Chief x Officer）を思い浮かべる方も多いと思うが、本書においてのチーフオフィサーは、事業・機能・地域のいずれかを管掌する役員を指している。

事業であれば、事業本部長や事業責任者を指す。機能であれば戦略を担うChief Strategy Officer（CSO）、財務を担うChief Financial Officer（CFO）、人事を担うChief Human Resource Officer（CHRO）、情報を担うChief Information Officer（CIO）などを指す。地域であれば各地域をマネジメントするRegional Headquarter（RHQ）の責任者を想定していただきたい。

図表5－2にチーフオフィサーの重要な役割、①企業の一貫性を作り出すこと、②変化を起こす責任を持つことを示している。

①企業の一貫性を作り出す

〝一貫性〟というのはトップが考えるありたい姿と、それを実現していくチーフオフィサーの戦略、ミドルリーダーの戦術、従業員の日々の行動が同じ方向を向いていることを指している。

経営トップが未来志向力を持ってありたい姿を示したとしても、経営トップが一人だけで伝えた場合、全社一丸となって動かしていくことは難しい。事業・機能・地域を管掌す

［図表5-2］チーフオフィサーが果たすべき役割

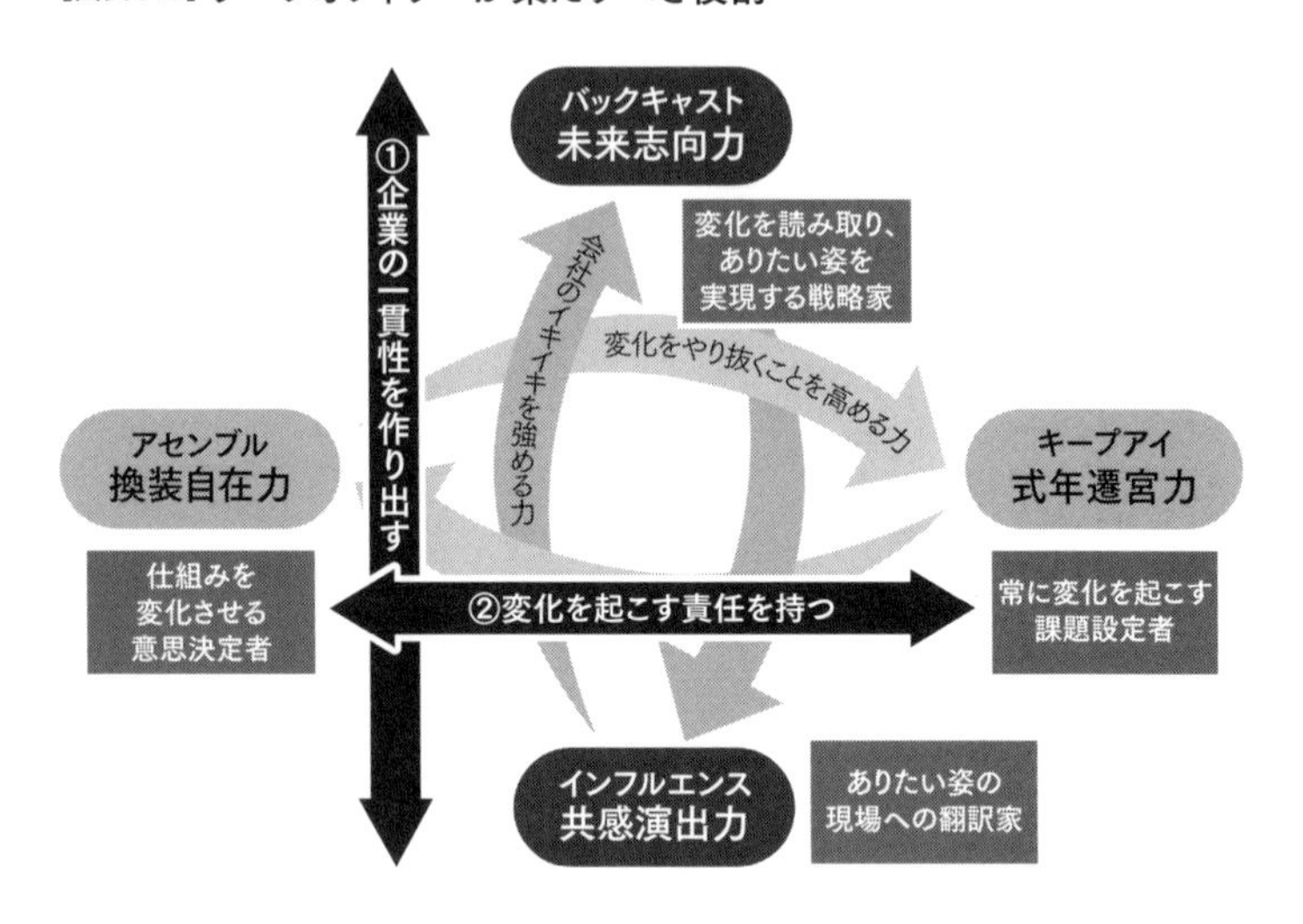

る役員が、それぞれの管掌領域において、ありたい姿を一貫性を持って具体化し、従業員一人ひとりに伝え共感させていくことが求められている。

②変化を起こす責任を持つ

経営トップが事業・機能・地域の詳細まで目を配り、ありたい姿に向けた変化を日々起こしていくことは難しい。一方で、ミドルリーダーは日々の業務推進に精一杯で、何かを変化させていく意思決定を行うことは難しい。チーフオフィサーこそが、担当の管掌領域において、ありたい姿に向けて変化すべき課題を設定し続け、変化を起こす意思決定を行う必要性がある。

チーフオフィサーは、未来志向のありたい姿を一貫性を持って共感演出していくことで「会社のイキイキを強め」、式年遷宮の考え方で常に変化を起こし、換装自在な仕組みへの変化を実現することで「変化をやり抜くことを高める」ことが求められる。

未来志向力、共感演出力、換装自在力、式年遷宮力の4つのフォースにおいて、チーフオフィサーが果たすべき役割を述べていく。

未来志向力を高めるチーフオフィサー：変化を読み取り、ありたい姿を実現する戦略家になる

第一にチーフオフィサーが果たすべき役割は、「変化を読み取り、ありたい姿を実現する戦略家」になることである。

未来志向力における〝ありたい姿〟を持つことは経営トップの役割であるが、その〝ありたい姿〟を実現していくために、事業・機能・地域においてどのような戦略が必要か、その戦略をいつ実施していくかの戦略ロードマップを策定することは、チーフオフィサーに求められる役割である。

ありたい姿に対して一貫性のある戦略を策定していく際には、経営トップの考える「ありたい姿」をチーフオフィサーが深く理解し、腹落ちしていることが重要である。チーフオフィサーのありたい姿の解釈がずれていた場合、全社として同じ方向を向けなくなって

しまう。経営トップとチーフオフィサー間でありたい姿を共有・議論する場を設定することが重要である。

一度戦略ロードマップを策定したら終わり、というわけではなく、常にビジネス環境変化への感度を高め、臨機応変に対応するためには戦略ロードマップを更新し続けていく必要がある。そのためには、チーフオフィサーも経営トップと同様に未来志向力を強く持ち、世の中の動向や未来社会に常に思考をめぐらせ、変化に素早く気付くことが求められる。

変革永続力を発揮するため、経営トップのありたい姿を深く理解し、そのありたい姿を実現するために一貫性のある戦略ロードマップを環境変化に応じて更新し続ける戦略家になることが未来志向力におけるチーフオフィサーの役割である。

共感演出力を高めるチーフオフィサー：ありたい姿の現場への翻訳家になる

共感演出力におけるチーフオフィサーの役割は、「ありたい姿の現場への翻訳家」になることである。

前節で、情報を開示し、対話することが経営トップの役割だと述べたが、経営トップが一人でメッセージを発信していくだけでは、全社一丸となってありたい姿に向かって動いていくことは難しい。全社が同じ方向を向くためには、ありたい姿が事業・機能・地域の全従業員に一貫性を持って認識されている状態が理想であり、そのために、チーフオフィサーが現場への翻訳家となりダイアログしていくことが非常に重要である。

第1章2節で述べたが、オムロンではチーフオフィサーによる「ありたい姿の現場への翻訳」が実施されている。オムロンでは「社長車座」「企業理念ダイアログ」などで経営トップの考えるありたい姿をチーフオフィサーに伝える場が設定されている。その後、「企業理念職場対話」などでチーフオフィサーからミドルリーダー・一般従業員に向けても、ありたい姿を伝えていく場が設定されている。

チーフオフィサーは、管掌領域において具体的な例を伝えることができるため、経営トップのメッセージを従業員に向けてわかりやすく翻訳することができる。

例えば、A事業のチーフオフィサーであれば、企業としてのありたい姿がA事業で達成された状態を具体化して従業員に伝えることができる。A事業における具体的なありたい姿、数値目標、実施施策などを提示していくことで、A事業の従業員は、日々の実務に即したありたい姿を理解・腹落ちすることができる。このように、チーフオフィサーの役割は、経営トップのありたい姿を、管掌の従業員が理解できる形で翻訳し、会社全体に一貫性を持って広めていくことである。

変革永続力を発揮するため、ありたい姿を自身の管掌領域に翻訳していくこと、可能な限り多くの従業員に自身の言葉で伝えていくことが、共感演出力におけるチーフオフィサーの役割である。

換装自在力を高めるチーフオフィサー：仕組みを変化させる意思決定者になる

換装自在力におけるチーフオフィサーの役割は、「仕組みを変化させる意思決定者」になることである。換装自在力で述べた柔軟性の高い仕組み（人・組織、業務、システム）を環境に合わせて変化させていくことが求められる。

変化させる領域は各チーフオフィサーによって異なる。各事業責任者であれば各事業の仕組み全体、ＣＳＯは組織戦略、ＣＦＯは財務、ＣＨＲＯは人材、ＣＩＯはＩＴシステム、ＲＨＱ責任者は展開エリア、というように、それぞれの領域は異なるが、常に仕組みを変化させていく必要はある。

ここで重要なのは、チーフオフィサーの管掌領域での部分最適ではなく、企業全体最適で仕組みを変化させていくことである。チーフオフィサーは自身の管掌領域の仕組みの最適化をまず考えるが、全体最適の俯瞰的な視点も忘れてはいけない。管掌領域に留まらず、全社で必要とされる「仕組みの変化」を議論し意思決定していくこと、好影響が大きかった変化について他領域へ横展開し、全社として波及させることも重要である。

変革永続力を発揮するため、環境に合わせて仕組みを変化させる意思決定をすることが、換装自在力におけるチーフオフィサーの役割である。

式年遷宮力を高めるチーフオフィサー：常に変化を起こす課題設定者になる

式年遷宮力におけるチーフオフィサーの役割は、「常に変化を起こす課題設定者」になることである。課題設定者とは、企業・組織を常に変化させていくために、現在の仕組みが正しいと思うことなく、常に、変化させるべき点はないかという視点で課題を設定する役割である。

変化を起こすことに対しては、経営トップでもミドルリーダーでもなく、チーフオフィサーが一番に意識し、責任を持つことが重要だということをお伝えしたい。

経営トップがありたい姿を描き、やり切る姿勢を示したとしても、事業・機能・地域の詳細まで見ていくことや日々の変化を経営トップ自らが起こしていくことは難しい。また、ミドルリーダーは日常業務における違和感・改善点に気付く役割を担っているが、課題を設定することは難しい。

そこで、チーフオフィサーこそが経営トップの意思を理解し、ミドルリーダーの気付きの進言を受け入れ、企業を常に変化させていく責任を持って課題を設定し続ける必要がある。

課題を見つけたら、未来志向力で戦略ロードマップを更新するとともに、換装自在力で変化を起こす意思決定を行い、やり切ることが重要である。やり切るためにはKPIの活用が有効である。変化後のありたい姿を見据えKPIを設定することができれば、なんとなくの取り組みで終わることなく変化を起こすまでやり切ることができる。

変革永続力を発揮するため、変化を起こす責任を持ち、常に変化させるべき課題を探し続けることが、式年遷宮力におけるチーフオフィサーの役割である。

全社のありたい姿を経営トップと議論し、自身の管掌範囲に責任を持ち動かす

以上、変革永続力を発揮するためのチーフオフィサーが果たすべき役割を述べた。未来志向力では変化を読み取りありたい姿を実現する戦略家、共感演出力ではありたい姿の現場への翻訳家、換装自在力では環境に合わせて仕組みを変化させる意思決定者、式年遷宮力では常に変化を起こす課題設定者となる。このように経営トップのありたい姿を全社の日々の活動にまでつなげ、全社一丸となって動かしていくことがチーフオフィサーの役割である。

経営トップがありたい姿を実現するために、全権を集約して意思決定することは難しく、

チームに適切に任せていくことが必要になってくる。この際に、自身の管掌範囲に責任を持って、全社としてのありたい姿を経営トップと議論することも、チーフオフィサーに求められる重要な役割である。

3 ミドルリーダーの役割

本節では、ミドルリーダーの果たすべき役割を述べる。図表5-3でミドルリーダーとは、部長・課長・チームリーダーなど、組織・チーム・プロジェクトを束ねる役割を担っている人を指している。

ミドルリーダーの最も大きな役割は、クロスフォースモデルの横軸の、変化をやり抜くことを高める力である換装自在力と式年遷宮力を発揮していくために、「変化をやり抜くエンジン」として機能することである。

ミドルリーダーがゴールの共有とゴールに向かうための仕事を細分化しタスクとして割

り振り、日々ゴールを共有しながら優先順位がずれないようにコントロールすることで最短の道筋でゴールに向かうことができる。言い換えると会社の仕組みを入れ替えやすい状態にするための、変化を起こすトリガーを確実に引き起こすことができる。また、企業の「ありたい姿」を日常的に一般社員との対話において盛り込んでいくことで従業員の動機づけとなり、エンジンを機能させる潤滑油としても貢献することができる。

4つのフォースの順に、ミドルリーダーが果たすべき役割を述べていく。

未来志向力を高めるミドルリーダー：ありたい姿を理解し自身でも思い描く

未来シナリオを捉え、会社の「ありたい姿」を志向する主体となるのは経営トップである。ここでのミドルリーダーとして果たすべき役割は、企業のありたい姿に対する自分なりの解釈を持つことである。

ありたい姿を深く理解することは、ミドルリーダー自身が一般社員と対話する際の説得力を強化することにつながる。単に、表面的な言葉の理解に留まるのではなく、経営トップがメッセージとして繰り返し伝えていることは何か、その背景にある思いを捉えることは重要である。

また、会社のありたい姿を深く理解するだけでなく、個々のミドルリーダーが主体的に、

［図表5-3］ミドルリーダーが果たすべき役割

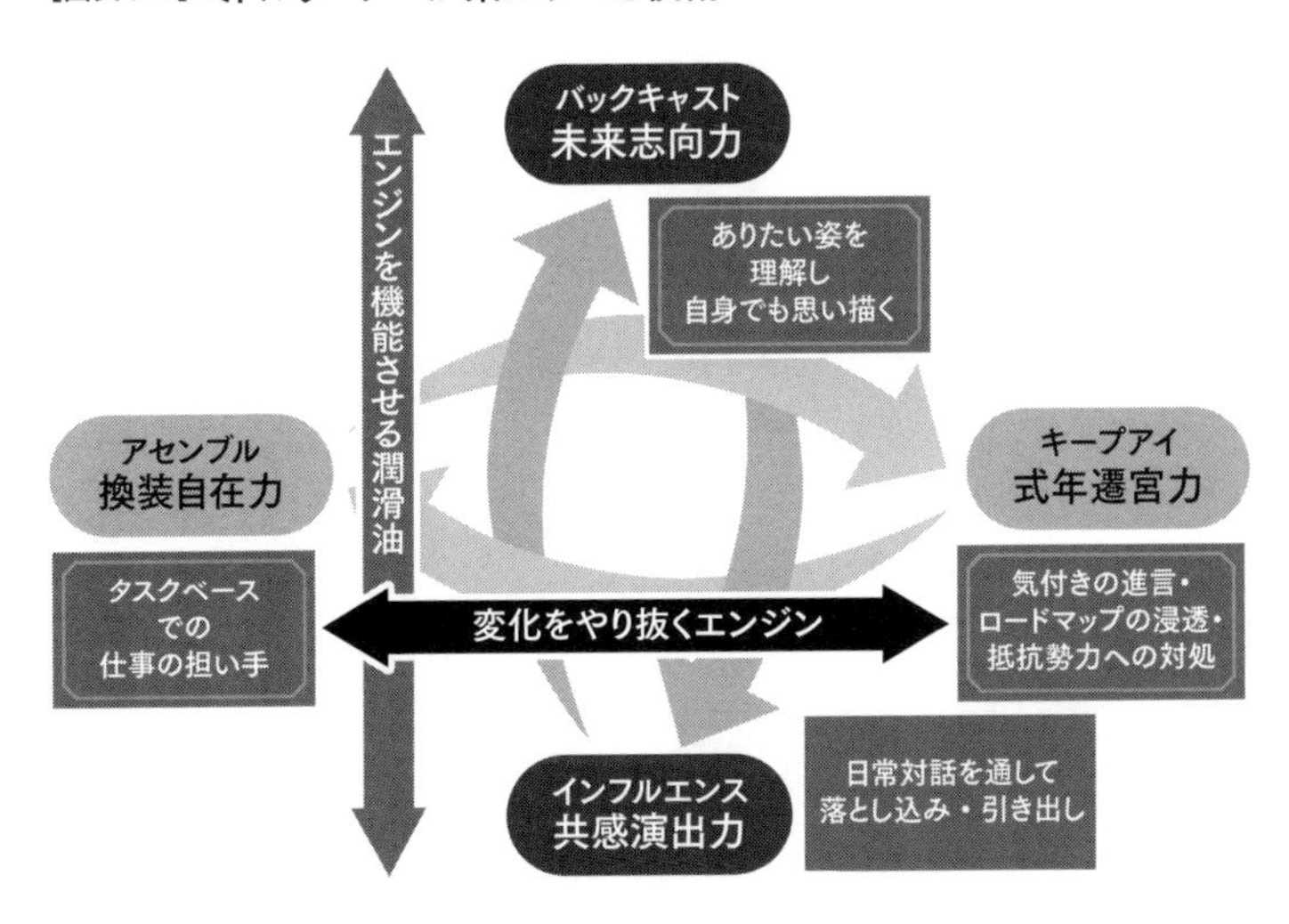

自分なりのありたい姿を併せ持つことも重要である。なぜなら、他ならぬミドルリーダーこそ顧客起点、現場起点からの新しいビジネスモデル・仕組みを起案できる存在であるためである。ミドルリーダー自身がありたい姿について考え、実践することによって、企業に変革をもたらすことができ、企業の新しい未来を切り開くきっかけとなるはずである。

上記の通り、未来志向力においてミドルリーダーは、企業のありたい姿を正しく解釈することに加え、自分なりのありたい姿を描くことを役割として担うことにより、未来の会社をさらに強くするだろう。

共感演出力を高めるミドルリーダー：ありたい姿を日常対話を通じて落とし込む・引き出す

ミドルリーダーは、日常業務で一般社員とのやり取りが発生するため、必然的に一般社員と最も接する機会が多い管理者となる。そのため、共感演出力におけるミドルリーダーが担うべき役割としては、日常業務における一般社員との直接の対話を通して企業のありたい姿への共感を生み出すことである。

共感は突如生まれるものではなく、日常的な対話の繰り返しの中で徐々に生み出され、いつの間にか従業員に根付いていく。しかし現実的には、経営トップ及びチーフオフィサーと一般社員が日常的に高頻度で対話していくことは、組織が大きくなるほど難しい。

企業のありたい姿を〝絵に描いた餅〟にせず、企業の中の風土として浸透させていくためには、ミドルリーダーによる、一般社員との日常対話を通した落とし込みが必要である。具体的には、日常業務における様々な判断の場面において、その判断がありたい姿と齟齬がないかをチェックしていくことである。

また、ありたい姿を一方的に落とし込むだけでなく、個々の一般社員のありたい姿を引き出すことができるのもミドルリーダーである。リクルートで紹介した、「よもやま話」はまさにミドルリーダーが取り入れていくべき日常対話の好例であろう。直属の上司部下の関係を超え、気軽に対話を持つ機会を作ることで、従業員の考えを引き出しながら共感を深化させていくことにつながっている。

ミドルリーダーが日常対話を通じて、ありたい姿の落とし込みや引き出しを行うことは、共感演出力を備えたチームの形成につながり、日常的なタスクをやり切るための動機づけとして有効に機能し、タスクを円滑に遂行する。

換装自在力を高めるミドルリーダー：タスクベースでの仕事の担い手になる

ミドルリーダーは、現場業務の実行を担う中核となる人物である。その現場のキーパーソンであるミドルリーダーが、「⑤タスクベース化」で紹介したタスクベースでの仕事の進め方を実現していくことが、換装自在力を高め実行力を担保するための重要な役割である。

従来の業務時間ベースの働き方に対して、タスクベースの仕事の進め方として紹介した「チームでゴールを共有」「細分化されたタスクに落とし、分担する」「短いサイクルで成果を確認」を実践することはミドルリーダーの役割そのものである。

一般社員は目先の仕事に追われているため、ゴールを見失って簡単な仕事から取り組んでしまう。進捗管理をしているだけだと、忙しそうに見えてゴールに向かっていないことがよくある。そのため、ミドルリーダーは、進捗が遅い背景にある要因を正確かつ迅速に捉え、ゴールを共有しながらタスクの優先順位の認識を合わせることが必要である。

今後のチームのミドルリーダーに求められるのは、確実にゴールさせること、ゴールに向かうためのチームをまとめていくことの2つである。ゴールするためには、ゴールの意図を正しく理解し、そのゴールをタスクに分解し、タスクを遂行するためのデジタルツールを使いこなすことが必要となる。また、チームをまとめていくためには、チームを鼓舞しながら、メンバーとコミュニケーションを取ることが必要である。

ミドルリーダーの最も重要な役割である「変化をやり抜くエンジン」として機能するためには、ミドルリーダーがタスクベースな仕事の進め方の担い手としての役割を果たすことが不可欠である。

式年遷宮力を高めるミドルリーダー：気付きを進言し、ロードマップを浸透させ、抵抗勢力に対処する

ミドルリーダーが「変化をやり抜くエンジン」として機能するためには、前述の換装自在力を高めることに加えて、式年遷宮力を高めることの重要性も高い。式年遷宮力を高めるための役割は、以下の3つが考えられる。

1つ目の役割は、日常業務の中での違和感・改善点に気付き、チーフオフィサーに進言することである。日常業務に近いミドルリーダーであるからこそ、日常業務における違和感、改善すべき点に気付き、現場視点での改善アイデアを考えることができる。

その気付きを胸に留めずにチーフオフィサーに進言することで、常に変化を起こしていくことができる。定期的に気付くためには、例えば、必ず1日に1つの気付きを書き留める、1カ月に1度はチーフオフィサーとの気付きの議論を行う場を持つなどの工夫も必要である。

2つ目の役割は、チーフオフィサーが策定しているロードマップを理解し、一般社員に浸透させることである。ロードマップが一般社員まで共有されていることにより、会社全体で統一されたマイルストーンをベースとしながら、ゴールに向かって着実に前に進むことができる。

3つ目の役割は、変化に対する抵抗勢力に対処することである。変化は不確実性のリスクを伴う分、怖さを持ち合わせている。特に、現状に満足していて変化を必要としていない場合、既得権益を侵害する懸念がある場合などは、変化に対する抵抗勢力が存在するため、対応が必要である。

変化への抵抗力が大きいケースは、情報伝達が不足しているか、不正確な情報による間違った分析がなされている場合が多い。その場合は丁寧なコミュニケーションが必要である。変化の対象となる従業員の意見に耳を傾け、話を聞くこと自体に意味がある。しかし、十分なコミュニケーションをしても折り合いがつかず、変化のスピードを優先すべき場合には、リーダーとして決断し、前に進める判断も時には必要となることを認識しておいてもらいたい。

ミドルリーダーの最も重要な役割である「変化をやり抜くエンジン」として機能するために、気付きを進言し、ロードマップを浸透させ、抵抗勢力に対処することで、着実に前に進めていくことが求められている。

絶えず変化を考え、変化することを楽しむ

これまでもミドルリーダーは会社の実行力の中核を担ってきており、日本企業の経営における役割は大きい。ニューノーマルカンパニーになるためには、日々の変化の繰り返しも当たり前に実施していくことが求められる。ミドルリーダーはその中核にもなる。日々の変化を繰り返すためには、絶えず変化を考える、そして変化することを楽しむマインドセットが必要になる。

そして、日々の変化を繰り返す活動は、将来的にチーフオフィサーや経営トップにステ

ップアップする中で、その経験知が生かされることになる。

これまで述べてきたミドルリーダーの役割と現在の自身の役割を比較したときに、自身の役割を変化させなければならないと感じた方もいるかもしれない。未来の社会・会社、ひいては自分自身のために、変革させるということは面白いことであり、ミドルリーダーとしては変化が仕事であると認識しながらぜひ楽しんで仕事に取り組んでいただきたい。

おわりに

今、私たちが直面している経営環境は、ＶＵＣＡ（Volatility, Uncertainty, Complexity, Ambiguity）と言われるように、これまでの延長線上からだけでは想定できない変化が連続して出現してくる状況にある。そして、ＣＯＶＩＤ-19の感染拡大の副作用として、企業経営に対してもビジネスモデル変革や業務プロセスの改革などが急務となっている。このような中で日本企業に求められるものは、企業の環境適応力を高めていくことではないだろうか。これまでの多くの日本企業の改革のアプローチは、表面化している問題を分析して、原因の解決方策を特定した上で、改革プランを立てて推進していくというものであった。今後は、最初から解を捉えにいき、その解を試してみて、試行錯誤を繰り返しながら最善の状態にたどり着こうというアプローチが求められている。

本書で示した「ニューノーマルカンパニー」は、常に「徹底した顧客志向や革新志向」を持ち、組織一丸となって継続的に変革に取り組んでいる。いわば、優れた企業の創業期によく見られる状況であり、「大企業病」や「官僚主義」とは対極に位置するものであろう。革新的なベンチャー企業は、創業期には、既存の業界の常識を疑い、徹底した顧客志向により社内の全員がオーナーシップを持って、新しい商品やサービスを開発し提供している。このような状態であれば、どのような変化に直面しても、一人ひとりが当事者意識を持って事にあたるため、常に組織全体が最善の状態にたどり着こうと動いているであろう。しかし、事業に成功し、企業が大きくなるにつれて、このような変革永続力を失ってしまう。成長と規模の拡大を目指すために、組織は複雑化し、プロセスやルールが増えて、徐々に市場の変化への対応力を失っていくのである。

企業経営は色々な矛盾をはらむものであるが、「事業を成長させて企業を大きくしたい」、その一方で「大企業病や官僚主義には蝕まれたくはない」という矛盾に対して、「変革永続力を備えたニューノーマルカンパニー」という解決の糸口を提示した。

当社は1965年に創業され、日本初の商用コンピュータを導入した野村コンピュータシステムと1988年に合併して設立された企業である。両社は創業から30年程度経過するまでは、事業基盤を確立していくために常に新しい分野に挑戦を続けてきた。そして、合併後にもコンサルティングとソリューションの融合を図った挑戦を行ってきた。合併から30年以上経過し、事業が成長して企業規模が大きくなるにつれ、徐々に様々なルールに組織が支配されるようになってきた。社会・経済のデジタル化が加速化する中で、当社も再び、俊敏さと挑戦する風土を取り戻し、環境適応力を高めていくことが必要となっている。ここで提示した「変革永続力」の取り組みを自らも実践していくことで、さらなる理論の精緻化を図っていきたいと考えている。

本書が、多くの日本企業が再び輝きを取り戻すための変革の一助になることを願ってやまない。

株式会社　野村総合研究所
常務執行役員　コンサルティング事業担当
立松　博史

［ 執筆者紹介 ］

野村総合研究所　企業変革研究チーム

顧客とともに企業変革を進めるコンサルティングチーム。
顧客が変革し続けられる企業になれるよう、
経営構造改革・業務改革をはじめとした、多岐にわたるテーマに取り組んでいる。

本書の内容についてのお問い合わせ先：nri-henkaku@nri.co.jp

岡本久理子
主任コンサルタント
全社構造改革・風土改革

佐藤一誠
コンサルタント
経営構造改革・イノベーション

須藤光宜
プリンシパル
全社構造改革・組織改革

加藤貴一
プリンシパル
経営構造改革・経営管理

佐藤真理子
副主任コンサルタント
経営構造改革・DX

三嶋健太郎
上級コンサルタント
経営構造改革・業務改革

［ 執筆協力 ］

日戸浩之
東京理科大学 大学院 教授：第１章１節
経営学研究科 技術経営専攻

青嶋 稔
シニアパートナー：第４章３節
本社改革・組織改革

ニューノーマルカンパニー
変革永続力の経営

2020年10月16日 1版1刷

［編者］
野村総合研究所

［発行者］
白石 賢

［発行］
日経BP
日本経済新聞出版本部

［発売］
日経BPマーケティング
〒105-8308 東京都港区虎ノ門4-3-12

［装幀］
野網雄太

［DTP］
マーリンクレイン

［印刷・製本］
シナノ印刷

ISBN978-4-532-32364-6 Printed in Japan